PAPER*cuts*

Andrea Benesch

Bibliografische Information der Deutschen Nationalbibliothek: Die Deutsche Nationalbibliothek verzeichnet diese Publikation in der Deutschen Nationalbibliografie; detaillierte bibliografische Daten sind im Internet über dnb.dnb.de abrufbar.

Herstellung und Verlag: BoD – Books on Demand, Norderstedt

Coverdesign: Coverstube

Lektorat / Korrektorat: Katharina Pusch

ISBN

978-3-753402-82-6

Triggerwarnung

Einige Gedichte in diesem Buch behandeln möglicherweise triggernde Themen, darunter Mobbing, psychische und verbale Gewalt, Stalking und Traumaerscheinungen.

Bei manchen Menschen können diese Themen negative Reaktionen auslösen. Bitte sei achtsam, wenn das bei dir der Fall ist.

Solltest du von einem der genannten Themen direkt betroffen sein und Hilfe brauchen, wende dich bitte an eine der folgenden Stellen:

Mobbing

„Mobbing-Hilfetelefon"   **0800 0 116 016**

„Nummer gegen Kummer"   **116 111**
für Kinder und Jugendliche
für Eltern Betroffener   **0800 111 0 550**

Zudem gibt es in allen Bundesländern eigene Beratungsstellen.

Stalking

Hilfetelefon, Gewalt gegen Frauen   **0800 0 116 016**

Der Weiße Ring
https://weisser-ring.de/praevention/tipps/stalking

Zudem gibt es auch hier mittlerweile in allen Bundes-
ländern Beratungsstellen.

VORwort

Ich kann es ehrlich gesagt nicht fassen, dass ich diese Zeilen verfassen darf. Im Sommer 2020 erschien mein erster Gedichtband „Dark Rose" in einer erweiterten Neuauflage im SchriftStella Verlag – an diesem Band habe ich, wenn man es genau nimmt, 10 Jahre geschrieben. Dann, nur fünf Monate später erschien der zweite Band „Tintentränen". Jetzt, weitere drei Monate später darf ich erneut ein Vorwort verfassen für den mittlerweile dritten Gedichtband.

Die Neuauflage von „Dark Rose" hat meine Kreativität befeuert, in einem Ausmaß, wie schon seit Jahren nicht mehr. Doch dieses Mal schreibe ich nicht nur, wenn der Schmerz kaum noch zu ertragen ist, wenn die Erinnerungen an die Oberfläche kommen und mich die Dunkelheit zu verschlingen sucht.

Ich schreibe jetzt, wann auch immer meine Muse es will – und sie ist ein herrisches Ding. Es gibt Tage, da kann ich kaum Musik hören, ohne dass sie mich mit Worten bombardiert. In den meisten Fällen ist es nämlich Musik, die bei mir die Schleusen öffnet, egal, aus welchem Grund ich schreibe.

Aus diesem Grund habe ich dieses Mal aufgepasst, welches Lied mich inspiriert hat. Nicht immer ist es Musik, manchmal auch ein Buch und ein anderes Mal, weiß ich selbst nicht so genau, was die „Musen-Attacke" ausgelöst hat. Wenn es aber ein Lied oder ein Buch war, habe ich das für euch vermerkt. Ihr könnt also, wenn ihr wollt, den Soundtrack zu beinahe jedem Gedicht hören.

Danke an meine Verlegerin Dr. Karin Gilmore, die meinen Gedichten in ihrem SchriftStella Verlag ein Zuhause gegeben hat. Auch wenn dieser Band aus gesundheitlichen Gründen im Selbstverlag erscheinen muss.

Danke, an meine Leser/innen, euer Feedback zu meinen Worten bedeutet mir so unbeschreiblich viel, vor allem dann, wenn ihr euch verstanden und ermutigt fühlt. Danke an alle, die dieses Buch möglich gemacht haben, auch die, die mir meine seelischen Wunden zugefügt haben – ohne euch gäbe es dieses Buch nicht, ohne euch wären die Worte in meiner dunkelsten Stunde nicht zu mir gekommen, weil ich nie so nah am Abgrund gestanden hätte. Es hat mehr als ein Jahrzehnt gedauert, aber heute schätze ich die Möglichkeit, meinen Schmerz in Worte zu fassen höher, als mich euer Gift jemals verletzt hat.

Und nun wünsche ich euch allen berührende Stunden mit „Papercuts".

UNSICHTBAR

Manchmal wünschte ich, ich wäre unsichtbar.
Ich wünschte, ich hätte einen Mantel,
den ich umlegen könnte,
und schon wäre ich nicht mehr zu sehen.
Ich könnte einfach verschwinden,
wenn mir alles zu viel wird,
wenn die Blicke überall zu sein scheinen,
wenn das Getuschel zu laut wird,
wenn diese Stimme in mir aus voller Seele schreit:
„Lauf davon!"

Wie das wohl wäre?
Wenn ich in meiner eigenen kleinen
Unsichtbarkeitsblase leben könnte,
abgeschnitten von allen anderen?
Würde ich in Menschenmengen
keine Angst mehr haben?
Würde alles besser werden?
Oder würde Unsichtbarkeit mein Problem nicht lösen?
Die Menschen wären noch immer da,
sie könnten mich nur nicht mehr sehen.

Die Blicke würden wegfallen, aber der Rest?
Würden sie nicht noch mehr tuscheln,
wenn ich nicht da wäre?

Es wären noch immer zu viele Menschen
im Bus oder in der U-Bahn.
Daran würde sich nichts ändern.

Unsichtbarkeit klingt toll,
aber wenn ich genauer darüber nachdenke,
löst sie meine Probleme nicht.
Ich wünschte, ich wüsste, was das schaffen würde.
Ich wünschte, es würde mir nichts mehr ausmachen,
was andere sagen.
Ich wünschte, ich hätte unter ihnen keine Angst,
würde mich nicht so umzingelt fühlen.
Unsichtbarkeit hilft mir da nicht,
aber ich wünschte, sie würde es tun.

James Blunt – I told you

MEINE *zweite Seite*

Du bist meine andere Hälfte,
der zweite Teil meiner Seele.
Du bist die, die sich traut,
wütend oder enttäuscht zu sein,
wenn ich nicht negativ auffallen will.
Du bist die, die auf ihrer Position beharrt
und nicht direkt klein beigibt,
wenn ich den Kampf schon aufgegeben habe,
bevor er begonnen hat.

Manchmal würde ich dir gern öfter
das Kommando übergeben,
mich einfach deiner Führung überlassen,
aber ich habe immer Hemmungen davor.
Manchmal bist du wie eine Naturgewalt,
so kraftvoll und ungezähmt.
Du setzt dich durch,
du trotzt dem Sturm.

Ich wünschte, ich wäre mehr wie du.
Ich will allgemein keine Aufmerksamkeit
auf mich ziehen.
Ich fliege lieber unter dem Radar.

Du dagegen stehst gern im Rampenlicht.
Du drängst dich nicht um jeden Preis
in den Vordergrund,
aber du versteckst dich auch nicht davor.

Du und ich, wir sind eins.
Manchmal kann ich das gar nicht glauben,
aber es ist so.

Ich glaube, in jedem von uns schlummern zwei Seiten.
Eine ruhige und eine abenteuerliche Seite.
Eine mutige und eine ängstliche Seite.
Eine vorsichtige und eine draufgängerische Seite.
Eine schüchterne und eine selbstbewusste Seite.
Die Frage ist nur, welche lassen wir ans Ruder?

Ich möchte öfter meiner mutigen Seite
die Zügel überlassen.
Ich will mutiger sein,
mich mehr Dinge trauen
und weniger Angst davor haben,
was ich will,
was ich mir wünsche,
wovon ich träume.

Ich möchte mir meine Träume nicht bloß ansehen,
wie schöne Kleider in einem Schaufenster.

Ich will mir nicht andauernd
die Nase am Glas platt drücken.
Ich will sie endlich leben.
Aber das kann ich nur,
wenn ich meine andere Seite akzeptiere
und sie den Ton angeben lasse.
Irgendwie macht mir die Vorstellung Angst,
aber ich hoffe, die Entscheidung ist die richtige.

Ich will mutig sein.
Ich will mich nicht verstecken.
Ich will meine Träume leben und mich trauen,
auch mal ein Wagnis einzugehen.
Was ist mit dir?
Hast du schon mal einer anderen Seite von dir
das Steuer überlassen?

EGOISTEN

Sag mir, sind alle Menschen Egoisten?
Liegt es uns im Blut?
Ist es in unserer DNA programmiert?

Sag mir, sind wir dazu verdammt,
Immer zuerst an uns selbst zu denken?
Werden wir immer uns selbst anderen vorziehen?

Sag mir, bist du ein Egoist?
Dreht sich dein Leben in erster Linie um dich selbst?
Oder gibt es jemanden, der dir wichtiger ist als du?

Sag mir, wie sehr versuchst du,
Kein Egoist zu sein?
Wie viel Mühe gibst du dir?

Sag mir, gibt es eine Möglichkeit,
Diese egoistische Denkweise loszuwerden?
Ich will kein Egoist sein.

Sag mir, sind alle Menschen Egoisten?
Oder gibt es ein paar wenige,
Die diesen Drang unterdrücken können?

Sag mir, sind wir alle dazu verurteilt,
Auf ewig zuerst an uns selbst zu denken?
Sag es mir, bitte.

Sag mir, was du denkst.
Sag mir, wie unsere Zukunft aussehen wird.
Sag mir, ob zwei Egoisten überhaupt eine Chance
auf eine gemeinsame Zukunft haben.

Sarah Brightman – Deliver me

Erwachsen

Manchmal schaue ich mir mein Leben an
und es macht mir Angst.
Nicht mein Leben an sich,
Ich liebe mein Leben,
meinen Job,
mein Zuhause,
einfach alles,
aber das Erwachsensein,
das ist es,
was mich immer wieder wie aus heiterem Himmel trifft.

Ich bin erwachsen.
Ich bin für mein Leben selbst verantwortlich.
Ich muss alles selbst hinkriegen.
Ich kann nicht zu meinen Eltern rennen,
wenn es schwierig wird,
mich einfach unter der Bettdecke verstecken
und darauf warten,
dass sie alles wieder hinbiegen.

Ich war nie so, weißt du?
Ich bin selten zu ihnen gegangen,
habe eigentlich immer alles selbst erledigt,
Aber diese Sicherheit war da,

diese Gewissheit, dass sie es tun würden,
würde ich fragen.
Ich hatte dieses Sicherheitsnetz und wusste,
wenn ich falle, dann nicht besonders tief.

Jetzt ist das anders.
Ich bin erwachsen.
Es wird von mir erwartet, mit allem klar zu kommen.
Es wird erwartet, dass ich weiß, was ich tue.
Aber woher soll ich das wissen?

Ich weiß, ich bin jetzt erwachsen,
Aber das bedeutet doch noch lange nicht,
dass ich alles über alles weiß!
Ich weiß, dass es nichts bringt in Panik zu verfallen,
wenn es mir zu viel zu werden droht,
aber das hilft manchmal auch nicht.
Manchmal bekomme ich trotzdem Panik.
Ich sehe, wie sich die Rechnungen stapeln,
Ich arbeite jeden Tag und hoffe,
dass am Ende alles gut geht,
aber manchmal packt mich doch die Angst,
ob ich nicht doch zu naiv war.

Ich bin kopfüber in dieses Abenteuer gesprungen
und manchmal macht mir das noch rückwirkend Angst
und ich frage mich, wie ich das überhaupt tun konnte, so
ganz ohne Ahnung.

Aber es ist wie es ist und ich liebe es,
nur manchmal, frage ich mich,
ob ich nicht zwangsläufig scheitern werde,
so wenig Ahnung wie ich habe.

Manchmal bin ich naiv, das weiß ich.
Ich tue immer so hart und abgeklärt,
aber ich vertraue Menschen in vielen Belangen
einfach zu schnell.
Ich bekomme es nicht in meinen Kopf,
dass sie nicht immer mein Bestes im Blick haben.
Irgendwie erwarte ich immer von allen,
dass sie es gut meinen,
dass sie ehrlich sind.
Obwohl ich es besser weiß.

Ich weiß es besser, aber ich weiß nicht,
ob ich dieses Vertrauen aufgeben will.
Ich weiß nicht, ob ich der harten Realität
wirklich ins Auge sehen will.
Das ist naiv von mir, das ist mir klar.
Es ist dumm und kindisch,
aber ich will einfach, dass die Welt ein schöner Ort ist,
weißt du?
Natürlich sehe ich die Schattenseiten,
aber ich will nicht, dass sie gewinnen.

Ich bin erwachsen und jeder erwartet von mir,
auch so zu handeln.
Jeder erwartet, dass ich das schon irgendwie hinkriege,
weil es alle anderen doch auch schaffen.
Und schon fühle ich mich wieder, wie eine Versagerin,
weil es mir immer wieder so schwerfällt.

Es ist nicht leicht, weißt du?
Erwachsen zu sein.
Verantwortung zu tragen.
Ich kann es mir nicht mehr anders vorstellen,
ich will es,
aber manchmal habe ich trotzdem Angst.
Manchmal wünschte ich mir,
ich müsste nicht alles immer allein hinkriegen.
Aber ich habe keine andere Wahl:
Ich bin erwachsen.

P!nk – Circle Game

DEINE *Welt*

Wir sind so verschieden,
stammen aus unterschiedlichen Welten,
unsere Leben könnten nicht gegensätzlicher sein.

Ich weiß nicht, wie du es schaffst,
so zuversichtlich zu sein.
In meinem Kopf jagen die Gedanken hin und her,
ein Problem folgt auf das nächste.
Doch die ganze Zeit lächelst du mich nur an,
als könnte dich keines dieser Probleme
jemals erschüttern.

Wie machst du das?
Wie kannst du nur so ruhig bleiben?
Wir leben in unterschiedlichen Städten,
haben gegensätzliche Interessen,
unsere Hobbys könnten nicht verschiedener sein,
wir haben absolut nichts gemein!
Wie soll das jemals gut gehen?

Warum lächelst du mich weiterhin an?
Warum beunruhigt dich das nicht?
Und wie machst du das,

dass meine Gedanken zum Stillstand kommen,
wenn du mich berührst?
Dass mich all diese Probleme nicht mehr interessieren,
wenn ich in deinen Armen liege?

Ich mache mir so viele Sorgen,
ich will Pläne schmieden,
ich will Wege finden, wie es doch funktionieren kann,
obwohl alles gegen uns spricht.
Ich bin da nicht wie du,
ich kann nicht einfach die Augen schließen
und mich ins Abenteuer stürzen.
So bin ich nicht
So war ich nie
Und ich weiß nicht, ob ich jemals so sein könnte,
nicht einmal für dich.

Wie schaffst du es nur, dass ich dir trotzdem vertraue?
Wie schaffst du es,
dass ich dir trotz all meiner Vorbehalte glaube,
wenn du sagst: alles wird gut.
Du setzt meine Abwehr außer Kraft und ich weiß nicht,
ob ich dich dafür hassen oder noch mehr lieben soll.

Also gut.
Ich gebe auf.
Zeig mir deine Welt.

Ich bin bereit für ein Abenteuer.
Lass es uns versuchen.
Lass uns fliegen,
aber bitte,
lass mich niemals fallen.

Marie Hines - Save it all

ERINNERUNGEN

Ich hasse mich dafür,
dass mich manche Dinge auch nach Jahren noch
immer wieder neu verletzen können.
Obwohl die Worte längt verklungen sind,
obwohl ich dachte, dass ich längst darüber weg bin,
manche Dinge, lassen mich nicht los.

Manche Verletzungen gehen so tief,
dass es sich anfühlt,
als warteten sie nur darauf einen Auslöser zu finden,
um wieder aufzubrechen
und plötzlich wieder genauso zu schmerzen,
wie beim ersten Mal.

Warum ist das so?
Warum kann ich damit nicht einfach abschließen?
Ich hasse es durch die Welt zu laufen
und immer Angst haben zu müssen,
dass so ein Auslöser auftaucht
und mir der Schmerz im nächsten Moment
den Atem raubt.

Warum bin ich so schwach?
So nachtragend?
Warum kann ich es nicht abhaken,

Den Schmerz einfach in eine Box packen
und diese in einem Fach meiner Seele einsperren?

Warum kommt er immer und immer wieder?
Und warum tut es jedes Mal genauso weh?
Warum wird er nicht mit der Zeit schwächer?

Ich hasse mich dafür,
dass ich nicht verhindern kann,
dass mich diese Worte
diese Taten
immer wieder einholen.

Diese Erinnerungen fühlen sich an wie Rasierklingen.
sie schneiden mich, bis Blut fließt,
zerschneiden meine Seele,
reißen Löcher in mein Herz
und ich kann nichts dagegen tun.

Meine Seele besteht aus so vielen
dieser ständig aufreißenden Wunden.
Sie brennen,
sie schmerzen,
sie bluten.
Immer wenn ich denke,
ich habe das alles hinter mir gelassen,
fängt es wieder von vorne an.

Warum ist das so?
Warum passiert ausgerechnet mir das?
Ist es meine Schuld?
Bin ich einfach zu schwach?
Oder geht es jedem so und ich kann nur einfach
die Wunden in ihren Seelen nicht sehen?

Es sind doch bloß Worte!
Längst verklungene Worte!
Die Taten sind so lange her,
warum tut allein die Erinnerung daran,
immer wieder weh?
Warum kann ich das nicht einfach abhaken?
Darüber hinwegkommen?

Tausend Papierschnitte zieren meine Seele.
Sie sind Zeugen meines Lebens.
Sie bezeugen meinen Schmerz.
Ich wünschte nur,
sie würden nicht immer wieder aufreißen.
Ich weiß nicht, wie lange ich das noch durchhalte.

Aber ich weiß auch nicht, was ich dagegen tun kann.
Vielleicht wird mich der Schmerz niemals loslassen,
mich niemals vergessen lassen.

Fink - Looking too closely

Genug

Es ist genug,
findest du nicht auch?
Die Wolken verdecken schon längst die Sonne,
Frust überlagert jegliche Freude
Und freundliche Worte
wurden von Vorwürfen verdrängt.

Es ist genug,
Meinst du nicht?
Es heißt, man soll immer aufhören,
wenn es am schönsten ist.
Diesen Punkt haben wir schon längst überschritten.
Ich weiß nicht,
warum wir uns noch immer aneinander festklammern,
Warum wir an uns festhalten,
obwohl es doch schon längst kein „uns" mehr gibt.

Es ist genug,
Denkst du nicht?
Genug der Vorwürfe,
Genug des Schweigens,
Genug der enttäuschten Erwartungen,
Einfach genug.

Es ist genug,
Ob du willst oder nicht.
Ich hab genug.
Ich kann nicht mehr.
Ich hoffe, du findest, was du suchst.
Ich bin es nicht, so viel steht fest.
Es ist genug.
Leb wohl.

Wakey Wakey - Homeless Poets
8mm - Forever and ever Amen

KRIEG *und Frieden*

Unsere Welt versinkt im Chaos.
Ein Funken entzündet gewaltige Brände,
ein Brand führt zum nächsten
und schon versehrt ein Krieg das Land.
Warum hört das niemals auf?
Warum kann nie
auf der ganzen Welt Frieden herrschen?

Ist es naiv davon zu träumen?
Jedes Jahr die Geburtstagskerzen auszupusten
und sich genau das zu wünschen?
Kommt ein Wunsch überhaupt an
gegen die vielen Pläne und Wünsche all derer,
die die Kriege über die Menschen bringen?

Warum gibt es überhaupt noch Kriege?
Haben wir nichts auf der Vergangenheit gelernt?
Warum nimmt das Töten nie ein Ende?
Warum können wir nicht einfach alle leben
und leben lassen?

Es geht uns doch gut.
Uns allen.
Und jenen, denen es nicht gut geht,
ginge es besser ohne Kriege.
Seien es Kriege ganzer Staaten gegeneinander
oder kleiner Stämme oder Gruppen.

Ich wünschte,
es gäbe keine Kriege mehr.
Ich wünschte,
wir könnten alle friedlich zusammenleben.
Ich wünschte,
die Ambitionen und der Größenwahn einiger,
würden nicht mehr tausende ins Unglück stürzen.
Ich wünschte,
Religionen könnten einfach nebeneinander bestehen,
ohne dass deren Anhänger sich bemüßigt fühlen,
einander zu verfolgen.
Ich wünschte,
Diktatoren würden ihre Macht
nicht mit Gewalt durchsetzen.
Ich wünschte,
Land würde nicht mehr länger mit Blut bezahlt.

Ich weiß, es wird niemals aufhören.
Vielleicht liegt es in der Natur des Menschen,
dass wir einfach nicht auf Dauer
in Frieden leben können.
Vielleicht wird es immer irgendwo brodeln,
immer irgendjemand von Krieg bedroht werden.
Obwohl ich weiß, wie naiv dieser Wunsch ist,
ich werde ihn nicht aufgeben.
Ich werde ihn niemals aufgeben.
Ich hoffe weiter,
ich wünsche weiter,
ich glaube weiter,
dass wir Menschen besser sein können als das,
dass Frieden eines Tages möglich sein wird.
Für alle.

The Cranberries - Zombie

DEINE *Fassade*

Ein Blick auf dich hat gereicht, um zu erkennen,
dass du so bist wie ich.
Du traust niemandem,
hast Angst verletzt zu werden,
du hältst alles und jeden auf Abstand.

Du zeigst allen immer nur diese eine Seite von dir,
bist aggressiv,
gemein,
unfreundlich.
Du verschreckst die Menschen in der Hoffnung,
dass keiner nahe genug an dich heran kommt,
um dir weh zu tun.

Ich versteh das,
glaub mir.
Aber ich wünschte wirklich,
du würdest mir eine Chance geben.
Ich will dich nur kennenlernen,
dich,
nicht die Person die du vorgibst zu sein.

Ich kann dir nicht garantieren,
dass ich dir niemals weh tun werde,
keiner von uns weiß, was die Zukunft bringt.
Aber ich kann dir eins versprechen:
Sollte ich dir jemals weh tun,
dann wird es keine Absicht sein.

Lass mich hinter deine Maske blicken,
lass mich rein,
gib mir eine Chance.
Kein Mensch sollte allein sein müssen,
niemand sollte einsam durchs Leben gehen müssen.

Stell das Feuer ein,
Lass die Mauern fallen
Du wirst es nicht bereuen.

P!nk - Happy
Dido - White Flag

FALSCH*parker*

Ich wünsche,
ich wäre mit mehr Gelassenheit gesegnet.
Ich wünschte,
ich würde mich nicht so sehr
über Kleinigkeiten aufregen,
Sondern einfach darüber hinwegsehen können.
Warum kann ich das nicht?

Warum rege ich mich so sehr darüber auf?
Warum verfluchte ich Menschen,
die ewig nach Kleingeld wühlen?
Oder die das Portmonee erst suchen,
wenn die Kassiererin das Geld verlangt?
Warum nerven mich Falschparker
oder Leute, die oben an der Rolltreppe stehen bleiben,
anstatt weiterzugehen?
Warum kann ich da nicht ruhig bleiben?

Warum kann ich in solchen Situationen
nicht einfach gelassen bleiben?
Warum werde ich über Kleinigkeiten wütend?
Warum kann ich es nicht ignorieren,
wenn meine Nachbarn laut Musik hören,
oder den Fernseher auf Anschlag drehen?

Warum kann ich nicht auch
einer von den Menschen sein,
Die da einfach mit den Achseln zucken
und das ausblenden?
Warum kann ich das nicht?

Liegt es an mir?
Bin ich einfach zu empfindlich?
Ich wünschte wirklich,
ich könnte all das ausblenden,
Es einfach ignorieren.
Ich wünschte,
ich würde mich nicht darüber aufregen,
Denn ich weiß ja,
dass das vor allem mich Energie kostet,
Aber ich kann es nicht ändern
und das ist echt frustrierend.
Ich wünschte,
ich wäre mit mehr Gelassenheit gesegnet.
Es muss schön sein,
alles Störende einfach nicht wahrzunehmen.
Oder?

Vancouver Sleep Clinic – Someone to stay

Muse

Ich weiß, ich beschwere mich sehr oft über dich,
ich weiß, ich motze dich immer wieder an,
aber Fakt ist: ohne dich, bin ich nicht ich selbst,
ohne dich, bin ich nur ein halber Mensch.

Du hast mich schon so oft gerettet,
wenn der Druck zu groß wurde,
die Dunkelheit übermächtig,
und der Schmerz einfach zu viel.
Du warst da,
du hast mir einen Ausweg geboten,
du hast mir die Worte geschenkt
und mir das Leben gerettet.
Mehr als ein Mal.

Wir haben unsere Differenzen.
Du meinst mich mitten in der Nacht aufzuwecken
sei okay,
Du denkst, Schlaf wird überbewertet.
Ich sehe das etwas anders.
Aber so sehr ich auch schimpfe,
so sehr ich auch jammere,
ich bin dankbar für dich.

Du bist meine Muse,
meine Schwester,
meine Freundin,
meine andere Hälfte.
Ohne dich, gäbe es mich schon längst nicht mehr.
Deswegen bin ich froh, dich zu haben.

Ich weiß nicht, wie ich ohne dich zurechtkommen sollte,
was ich tun würde,
wenn der Strom an Worten versiegen sollte.
Ich hoffe einfach,
dass ich es nie herausfinden muss.
Dass ich für immer dich, meine Muse,
an meiner Seite haben werde.

Banks – You should know where I'm coming from

ICH *bin noch da*

Ich bin noch da.
Ich bin noch da, hörst du?
Ich gehe nicht weg.
Ich verschwinde nicht, nur weil du das so willst.
Ich gebe nicht einfach so auf,
nur weil du versuchst mir einzureden,
alles sei hoffnungslos.
Ich bin noch da!

Ich weiß nicht, was es ist,
dass dich so sehr an mir stört.
Ich weiß nicht, warum es dir so wichtig ist,
mir das Leben schwer zu machen.
Ich weiß nicht,
warum du mich nicht einfach ignorieren kannst.
Egal was es ist,
dass dich dazu bringt, dich so zu verhalten,
ich lasse mich nicht unterkriegen.
Ich gebe nicht auf.
Ich bin noch da
und ich bleibe.

Zu viele Jahre
habe ich mich von dir einschüchtern lassen.
Ich habe zugelassen,
dass die Angst vor dir mein Leben beherrscht.
Aber diese Zeiten sind vorbei.
Egal, was du tust,
egal, was du sagst,
Ich weiß, dass ich etwas wert bin,
ich weiß, dass ich etwas zu geben habe.
Ich lasse dich nicht mehr gewinnen
und schon gar nicht kampflos.

Immer wieder hast du versucht mir einzureden,
ich sei wertlos,
eine Platzverschwendung,
eine Schmarotzerin,
und alle in meinem Umfeld wären besser dran,
ohne mich.
Ich weiß nicht, warum du mich so sehr hasst
und ich habe längst aufgegeben herauszufinden,
was dahinterstecken könnte.
Du bist es nicht wert,
dass ich so viel Zeit damit verschwende,
deine Motive zu hinterfragen.
Du hast mir das Leben zur Hölle gemacht,
aber das ist jetzt vorbei.

Deine Worte verletzen mich nicht mehr.
Deine Taten schaden mir nicht mehr.
Ich habe erkannt, dass ich etwas wert bin,
dass ich wichtig bin
und das kannst du mir nie wieder nehmen.
Ich lasse dich nicht.
Ich bekämpfe das Gift, das du verspritzt.
Ich gebe nicht mehr auf.
Nie wieder.

The Bird and the Bee – All our endless love

ICH *brauche dich*

Ich brauche dich.
Drei kleine Worte, aber du hast keine Ahnung,
wie schwer es mir fällt, sie auszusprechen.
Ich hasse es, jemanden zu brauchen.
Ich komme einfach nicht damit klar.
Ich war mir selbst immer genug.
Warum ist das jetzt anders?

Ich brauche dich.
Weißt du, wie lange ich gebraucht habe,
um diese Worte endlich über die Lippen zu bringen?
Wie lange ich gebraucht habe,
um sie zu akzeptieren?
Ich sag dir was: ich arbeite immer noch daran.

Ich brauche dich.
Ich, die ich schon so lange
niemanden mehr gebraucht habe.
Ich, die ich selbst wenn,
diese Tatsache niemals freiwillig zugegeben habe.
Ich, die ich dieses Gefühl so lange bekämpft habe.

Ich brauche dich.
Am liebsten würde ich die Flucht ergreifen, weißt du?
Einfach vor diesem Gefühl,
vor dir,
davon rennen.
Diese drei Worte nehmen mir meine innere Ruhe,
wühlen mich auf,
machen mich ruhelos.

Ich brauche dich.
Ich kann damit einfach nicht umgehen.
Ich will das nicht!
Ich will dich nicht brauchen!
Ich will nicht von dir abhängig sein!

Ich brauche dich.
Ich brauche dich.
Ich brauche dich.
Egal, wie sehr ich mich auch dagegen wehre,
Es ist einfach so.

Ich brauche dich,
ob ich will oder nicht.
Ich brauche dich,
ob es mir Angst macht oder nicht.
Ich brauche dich,
hilf mir damit umzugehen.
Ich brauche dich.

Egal, wie schwer es mir auch fällt
das zu akzeptieren.
Ich brauche dich.

Corinne Bailey Rae – The Scientist

Besitz

Ich weiß, du hältst dich für cool,
Wenn du mich vor all deinen Freunden begrabscht.
Wenn du ihnen damit beweist,
dass all das
- mein Körper -
dir gehört.

Es ist dir egal,
dass ich das nicht will,
Es ist dir egal,
dass ich dir schon tausend Mal gesagt habe,
dass du das lassen sollst.
Es ist dir egal,
weil du immer das tust, was du willst.

Du gibst gern mit mir an.
Und wenn du es anders tun würdest,
würde es mich freuen,
dass du so stolz darauf bist,
mich an deiner Seite zu haben.
Aber es geht dabei nicht um Stolz,
es geht um Besitzgier.

Du willst all meine Aufmerksamkeit,
all meine Zeit,
nur für dich.
Du willst mich nicht teilen,
nicht einmal für eine Minute.

Du siehst in mir etwas, dass man besitzt,
dass man herumzeigt.
Es geht immer nur um deine Bedürfnisse,
niemals um meine.

Wenn du mich berührst, dann nicht,
weil du mir deine Liebe zeigen,
sondern weil du meine Hingabe einfordern willst.
Du willst beweisen, dass du alles von mir bekommst,
was auch immer und wann auch immer.

Ich sehe es in deinen Augen, wenn du mich ansiehst,
das ist keine Liebe.
Ich weiß nicht genau, was es ist,
ob es Besessenheit oder etwas anderes ist,
ich weiß nur, dass das mit uns nicht halten wird.

Wir werden getrennte Wege gehen,
bald schon,
und du wirst dir eine andere suchen,
die du herumzeigen kannst,
die du vor deinen Freunden begrabscht,

um deinen Besitzanspruch zu unterstreichen.

Ich hoffe nur, dass sie die Reißleine früher zieht als ich,

bevor sie sich so fühlt,

wie ich mich in der letzten Zeit

in deiner Gegenwart gefühlt habe.

Ich weiß jedenfalls,

dass ich so eine Beziehung,

wenn man sie denn so nennen kann,

nicht will.

Nie wieder.

Karen O. - Obsession

Lücke

Manchmal fühlt es sich an,
als könnte die Lücke,
die ein geliebter Mensch hinterlassen hat,
durch nichts gefüllt werden.
Als wäre da für immer diese Wunde,
die niemals verheilt.

Es ist faszinierend,
in wie vielen Bereichen des Lebens,
ein geliebter Mensch eine Lücke hinterlassen kann.
Die meisten sind einem anfangs gar nicht klar.
Sie überraschen einen
und jedes Mal ist es ein frischer Schmerz,
eine neue Wunde.

Da ist Stille, wo vorher Gelächter war.
Da sind Tränen, wo woher ein Lächeln war.
Oder ganz praktisch, die Schuhe im Regal,
die plötzlich fehlen,
die Jacke, die nicht mehr an der Garderobe hängt.
So viele kleine Dinge,
die uns ein ums andere Mal daran erinnern,
dass etwas – jemand – fehlt.

Und es ist jedes Mal erschreckend,
wie schnell alle um uns herum erwarten,
dass wir „darüber hinweg" sind.
Aber wie soll das gehen?
Da war vorher ein Mensch, wo jetzt nur noch Leere ist.
Es fehlt ein wichtiger Teil unseres Lebens.
Wie soll man das einfach abhaken
und zur Tagesordnung übergehen?

Ich weiß,
die Welt hört nicht auf sich zu drehen,
nur weil unsere Welt stehen geblieben ist.
Aber trotzdem –
warum haben so wenige Menschen Verständnis dafür,
dass Trauer ein Prozess ist, der Zeit braucht?
Die Wunden müssen verschorfen,
langsam heilen,
die Lücken müssen nach und nach aufgefüllt werden,
mit liebgewonnenen Erinnerungen,
das geht nicht von jetzt auf gleich.

Und immer wieder fühlt es sich an,
als müsste man wieder ganz von vorne anfangen.
Die Wunden reißen wieder auf,
der Schmerz ist wieder so stark wie am Anfang,
die Lücke so groß, dass sie unendlich wirkt.

Trauer ist ein Prozess,
er braucht Zeit.
Verlust verschwindet nicht einfach,
genauso wenig wie der Schmerz.
Wir tragen sie in uns
und können uns nicht dazu zwingen,
die Lücken plötzlich nicht mehr zu sehen.
Sie begleiten uns.

Irgendwann wird es besser werden, das ist einfach so,
aber bis es so weit ist,
hat jeder Mensch das Recht zu trauern,
zu vermissen,
und jeder von uns sollte Verständnis dafür haben,
Mitgefühl zeigen
und respektieren, dass da, wo vorher ein Mensch war,
jetzt eine große Lücke klafft.

The Civil Wars - Poison & Wine

WACHSEN

Ich glaube fest daran,
dass Beziehungen dazu da sind,
uns mit Freude zu erfüllen.
Wir sollen daran wachsen,
ein besserer, ausgeglichener Mensch werden,
zumindest ist das das, was ich mir wünsche.

Doch du lässt mich nicht wachsen.
Du hältst mich klein
und es gefällt dir.

Du willst nicht, dass ich wachse,
weil du Angst hast,
dass ich dir entwachse
und du mich nicht mehr festhalten kannst.

Du willst nicht, dass ich stark werde,
Selbstbewusst,
du willst mich klein halten.

Du willst, dass ich von dir abhängig bin,
gefangen,
ohne Ausweg.

Du willst mich in einen Käfig stecken,
damit du mich immer ansehen kannst,
damit ich dir niemals entkommen kann,
damit ich dir gehöre
für immer.

Aber dabei vergisst du etwas:
Ich war immer stark.
Ich war schon vor dir stark
und ich werde es auch nach dir sein.

Ja, ganz richtig: nach dir!
Ich werde mich nicht von dir einsperren lassen.
Ich habe viel zu lang daneben gestanden
und nichts getan.
Ich habe zugelassen, dass du mich klein machst,
dass du mich an mir selbst
und meinen Fähigkeiten zweifeln lässt,
aber das ist jetzt vorbei.

Ich bin nicht klein.
Ich bin nicht hilflos.
Ich bin kein Opfer.
Ich bin kein Ding, dass man besitzen kann.
Ich bin ich und ich bin stark.

Ich bin an dieser Beziehung gewachsen,
obwohl du alles dafür getan hast, es zu verhindern.
Obwohl du versuchst hast
mir meinen Glauben an mich selbst zu nehmen.
Ich bin nicht so gewachsen,
wie ich es in einer gesunden Beziehung sollte,
Aber gewachsen bin ich trotzdem.
Ich bin stärker, als ich es jemals war,
weil ich weiß, wie es sich anfühlt,
sich schwach zu fühlen.
Und ich will mich nie wieder so fühlen.

Du hast keine Macht mehr über mich!
Ich habe mich von den Fesseln deiner Worte befreit.
Ich habe ein Loch in deinen Käfig gebohrt,
spreize meine Flügel
fliege davon
und werfe keinen Blick zurück.

La Rocca - Non Believer

Geräusche

Meine Mutter sagt immer,
das Geräusch von Regen deprimiere sie.
Ich kann das gar nicht verstehen.
Ich mag das Geräusch.
Irgendwie finde ich, klingt es gemütlich,
beruhigend.

Gut, manchmal nervt es auch,
aber da kann der Regen eigentlich nichts dafür.
Es nervt mich nur,
wenn Autos mehr Lärm machen,
weil sie durch Pfützen fahren,
oder wenn die Menschen
sich darüber den ganzen Tag lang,
pausenlos, beschweren.

Ich liebe das Geräusch von Regen,
vor allem, wenn es gewittert oder stürmt.
Wenn die Natur uns zeigt, zu was sie fähig ist.
Allerdings mag ich das weniger,
wenn ich draußen unterwegs bin.
Diese Geräusche und das dazugehörige Schauspiel
kann man Zuhause viel besser genießen.

Wenn ich aber wählen müsste,
welches Geräusch ich am liebsten mag,
dann wäre das, das Geräusch von Schnee.
Viele sagen, Schnee mache kein Geräusch,
aber das stimmt nicht.
Schnee sorgt irgendwie
für eine Art alles verschluckende Stille.
Er legt sich wie eine Decke über die Welt
und alle Geräusche sind auf einmal leiser,
dumpfer,
weniger laut und weniger präsent.

Auf mich wirkt es immer, als würde alles friedlicher,
wenn Schnee fällt.
Allein schon der Anblick sorgt bei mir für ein Gefühl
der Freude und Geborgenheit.
Wenn es schneit öffne ich immer die Fenster
und lausche,
lausche dem Schnee wie er nach und nach
den Lärm der Welt verschluckt.

Wie ist das bei dir?
Lauscht du gern dem Regen,
Oder dem Schnee?
Oder magst du das Geräusch von Wind am liebsten?
Egal was es ist, ich hoffe einfach,
dass es ein Geräusch der Natur gibt,
dass dich glücklich macht.

HÄSSLICH

Ein Blick in deine Augen reicht,
um mir klar zu machen,
dass du mich verachtest.
Du stehst da vor mir und starrst mich an,
ragst vor mir auf,
machst dich absichtlich groß
und versuchst
mich allein dadurch schon einzuschüchtern.
Aber ich gebe nicht nach.

Ich habe nichts Falsches getan.
Dick zu sein, ist kein Verbrechen.
Und egal, wie deutlich du mir deinen Abscheu zeigst,
ich lasse mich davon nicht fertig machen.

Ich bin dick,
Na und?
Was geht es dich an, wie ich aussehe?
Wieso benimmst du dich,
als wäre es eine persönliche Beleidigung,
mich ansehen zu müssen?
Wenn mein Anblick dich so sehr anwidert,
dann sieh halt weg!

Schau weg.
Schau dir die vielen Menschen um uns herum an.
Viele von ihnen sind schlank,
viele von ihnen weder schlank noch dick,
aber einige von ihnen sind auch dick, wie ich.
Wenn dir das nicht passt,
dann such dir einen Ort,
in dem nur schlanke Menschen leben.
Aber soll ich dir etwas verraten?
Ich glaube nicht,
dass es einen solchen Ort gibt, auf der Welt.

Du verachtest mich dafür, dick zu sein,
nicht wie du zu sein,
nicht deinem Sinn für Schönheit zu entsprechen.
Aber weißt du was?
Das ist mir egal.
Ich muss nicht schlank sein, um glücklich zu sein
und mein Glück
hängt ganz sicher auch nicht von dir ab.

Wenn du unbedingt willst,
verachte mich,
finde mich abstoßend und eklig,
es ist mir egal.
Aber vergiss eine Sache nicht:
Ich mag nicht deinen Ansprüchen genügen,
doch du tust es ebenfalls nicht.

Ich bin vielleicht hässlich in deinen Augen,
aber du bist es auch.
Und was noch viel schlimmer ist,
du bist es innerlich.

Jeder Mensch darf aussehen, wie er will.
Jeder Mensch darf frei seine Meinung äußern,
aber wenn er sie nur äußert,
um andere damit zu verletzen,
dann zeigt das,
wie hässlich diese Person von innen ist.
Toleranz ist es,
die unsere Gesellschaft am Leben hält.

Stell dir mal vor, du bekommst deinen Willen
und plötzlich musst du nicht mehr den Anblick
von dicken Menschen ertragen,
weil sie alle in Städten nur für dicke Menschen leben.
Wer garantiert dir, dass es nicht als nächstes dich trifft?
Weil du rauchst
oder Alkohol trinkst
oder schwarze Haare hast
oder blonde
oder weil du intolerant bist
und gern andere mit deinen Worten verletzt.

Gut, dicke Menschen widern dich an,
das ist dann eben einfach so,
aber du musst es ihnen nicht sagen.
Du musst sie nicht anstarren oder ansprechen
Und du musst ihnen nicht sagen,
dass du sie hässlich oder eklig findest.
Was bringt dir das?

Deine Worte sorgen nicht dafür,
dass auf magische Weise die Kilos verschwinden,
sie sorgen nur dafür,
dass du einem anderen Menschen
das Gefühl gegeben hast,
wertlos zu sein,
hässlich zu sein.
Und was bringt dir das?
Kannst du sie – uns – nicht einfach in Ruhe lassen?

Nelly Furtado – Try
Tyler Hilton & Bethany Joy Lenz – When the stars go blue

Frauen

Ich finde es schrecklich,
dass Frauen noch immer
nach ihrer Sexualität etikettiert werden.
Haben sie mehr als einen Partner
in so und so einer langen Zeitspanne,
sind sie Schlampen oder Huren.
Wechselt ein Mann seine Partnerinnen öfter,
als seine Klamotten,
ist er halt ein Mann
oder sogar ein bewundernswerter Player.

Dieses zweierlei Maß,
dass uns noch immer überall begegnet,
macht mich so unbeschreiblich wütend!
Aber es stimmt, Frauen werden rund um die Uhr,
pausenlos
be- aber vor allem verurteilt.

Sie dürfen nicht zu dick sein
oder zu dünn.
Sie dürfen nicht zu klug sein,
oder zu dumm.
Sie müssen sich sexy anziehen
aber auch nicht zu sexy.

Sie sollen sich um den Haushalt
und die Kinder kümmern,
aber auch keine Hausfrau sein
sonst sind sie ja antifeministisch
und ein Feindbild für alle „modernen Frauen".

Sie sollen bis sie 30 sind verheiratet sein
und Kinder wollen.
Eine Frau, die keinen Mann will und keine Kinder,
ist ja keine Frau.
Sie sollen karriereorientiert sein,
aber nicht zu sehr.
Sie sollen im Bett die tollsten Dinge können und mögen,
aber nicht mit zu vielen Partnern
Erfahrungen gesammelt haben.
Sie sollen immer Sex wollen, wenn ihr Partner will,
aber nicht öfter oder weniger,
sonst sind sie unersättlich oder frigide.

Sie sollen keine Feministinnen sein,
weil sie sonst nicht mehr ernstgenommen werden
und als Männerhasserinnen gelten,
Aber sie sollen auch nicht alte Rollenbilder erfüllen,
Sonst sind sie altmodisch und rückständig.

Für alles gibt es Regeln,
für die Kleidung,
die Art sich zu schminken

der Zwang sich überhaupt zu schminken,
weil man sich ja sonst „gehen lässt",
der Druck immer makellos auszusehen,
diese und jene Stelle zu rasieren oder zu trimmen,
„Gepflegt" zu sein in ihren Augen,
nicht in ihren eigenen.
Ihre eigene Meinung zählt nicht,
nur die der Masse.

Es wird so viel Druck auf Frauen ausgeübt,
damit sie in diese Schubladen passen
und es ist echt erschreckend,
dass wir heute noch nicht weiter sind.

Eine Frau wird ständig beurteilt,
nach ihrem Äußeren
ihrem Verhalten
und jeder meint mitreden zu dürfen.
Jeder nimmt sich heraus,
ein Urteil über sie zu sprechen.
Und das macht mich so extrem wütend!

Wer gibt ihnen das Recht dazu?
Warum sollen diese Fremden
über mein Leben bestimmen dürfen?
Warum soll ich mich abquälen,
um all diese Forderungen zu erfüllen?
Warum soll es nicht reichen, ich zu sein?

Ich tue niemandem etwas,
ich bin freundlich,
ich helfe anderen, wenn ich kann,
ich bin nicht gemein
oder bösartig,
warum zählt all das nicht?

Was ich daran am schlimmsten finde ist,
dass „die" Männer und Frauen sind.
Andere Frauen üben mindestens so viel Druck aus,
wie Männer,
wenn nicht mehr.
Warum ist das so?
Warum wird andauernd ge- und vor allem verurteilt?
Warum können wir einander
nicht einfach so akzeptieren,
wie wir sind?

Das Leben wäre so viel leichter, ohne all diesen Druck,
ohne all diese Vorschriften und Regeln,
ohne die abschätzigen Blicke,
ohne diesen ganzen Mist.
Wenn eine Frau Kinder will – schön!
Wenn sie keine will – auch schön!
Wenn sie schlank sein will – von mir aus!
Wenn sie dick ist – wieso sollte mich das stören?
Wenn sie viel Sex hat – viel Spaß!

Wenn sie wenig Sex hat oder keinen
geht das mich doch nichts an!
Leben und leben lassen.
Ich mach da nicht mehr mit.
Ich be- und verurteile niemanden mehr,
nie wieder!
Ich will so ein Leben nicht führen
und ich will niemanden zwingen, sich zu verändern.
Wir sind richtig, so wie wir sind
und ich frage mich wie lange es wohl dauern wird,
bis wir das endlich auch selbst glauben.

Morgane Moncomble – Bad at Love (Buch)

WIE *du bist*

Ich weiß, es interessiert euch nicht, wie es mir geht,
ich soll lächeln und funktionieren,
auch wenn ich innerlich schreie.

Ihr wollt nicht wissen,
wie es mir wirklich geht.
Es ist euch egal.

Ihr fragt, weil man das nun mal so macht
aber es interessiert euch nicht.
Ich soll ins Schema passen,
soll „funktionieren"
aber bloß nicht aus der Reihe tanzen.

Die Wahrheit ist euch egal,
war sie schon immer,
nur ausgesprochen hat es noch niemand.

Irgendwie wird das von jedem erwartet, oder?
Zu funktionieren,
den Konventionen zu entsprechen
und nicht aus der Reihe zu tanzen.
Warum ist das wohl so?

Warum erwarten wir von einander,
uns wie Maschinen zu benehmen?
Unseren Schmerz und unseren Kummer zu verstecken
und immer weiter zu machen,
ohne eine Miene zu verziehen?

Ich sehe jeden Tag,
wie du unter diesem Druck zu zerbrechen drohst.
Du gibst dir so viel Mühe,
dich an deren Wünsche anzupassen,
alles zu verstecken, was dich anders macht,
eine von vielen zu sein, anstatt die Eine.

Aber weißt du was?
Ich mag dich, so wie du bist.
Es ist mir egal, was du trägst,
wie du aussiehst,
ob du laut summst
oder zu laut lachst
ob du dich „falsch" kleidest
oder irgendwie anders aneckst,
es ist mir egal,
weil du mir nicht egal bist.

Ich mag dich, so wie du bist.
Dich, nicht die leere Hülle, die du anderen präsentierst.
Ich mag deine Eigenarten,
deine Macken und Fehler.

Sie machen dich zu der, die du bist,
sie machen dich besonders,
außergewöhnlich.
Sie lassen dich strahlen.

Es ist mir egal, was sie von dir denken.
Es ist mir egal, was sie über dich sagen.
Es ist mir egal, was sie über mich sagen.
Sie bestimmen nicht mehr über unser Leben.
Ich werde nicht einfach dabei zusehen,
wie du zerbrichst.

Sei wie du bist,
Sei frei,
Sei laut,
Sei wild,
Sei wunderbar,
Sei du selbst
und vergiss alle, die dir sagen, das sei falsch.
Es ist nicht falsch,
im Gegenteil.

Lass uns leben wie wir sind,
nicht so, wie sie uns wollen,
lass uns unsere Flügel ausbreiten und fliegen,
egal wohin.

Lass uns aufhören uns ihnen anzupassen,
wir sind ihnen egal,
sie kennen uns ja nicht einmal richtig.
Sei wie du bist
und lebe.

Alissa Moreno - Far from here

AUFGEBEN

Ich weiß, manchmal ist die Verlockung groß
aufzugeben,
einfach die Segel zu streichen
und den Kampf verloren zu geben.
Ich weiß, wie sich das anfühlt,
ich stand auch einmal kurz davor.

Aber egal, wie hartnäckig diese Stimme in dir versucht
dich dazu zu überreden,
hör ihr nicht zu.
Egal, wie oft diese Gedanken dir im Kopf herumspuken,
gib nicht nach.
Dein Leben ist kostbar,
dein Leben ist wichtig,
und nur, weil du das im Moment nicht sehen kannst,
bedeutet das noch lange nicht,
dass es nicht stimmt.

Ich weiß, wie hart es ist andauernd zu kämpfen,
zu versuchen, diese Gedanken zurückzudrängen,
vor allem dann,
wenn es Menschen in deinem Umfeld gibt,
die ihnen andauernd neue Nahrung geben.

Ich weiß, wie weh es tun kann,
was sie über dich sagen,
ich weiß, wie hoffnungslos du dich manchmal fühlst
und wie verzweifelt
du dir einfach nur eine Pause wünscht.
Glaub mir, ich weiß es.

Ich wünschte, ich könnte machen,
dass sie damit aufhören.
Ich wünschte, ich könnte sie dazu bringen,
dich in Ruhe zu lassen.
Ich wünschte, ich könnte dir genauso oft sagen,
wie wertvoll und wichtig du bist,
wie sie dir sagen,
dass du es nicht bist.
Ich wünschte, ich könnte dich beschützen,
dich verteidigen,
aber das kann ich leider nicht.

Doch eines kann ich tun:
Ich schreibe dir diese Zeilen und hoffe,
dass sich meine Worte
ebenso tief in deine Seele brennen,
wie ihr Hass es tut.
Ich hoffe, dass sie ein Feuer in dir entfachen,
dass gegen ihr Gift angehen kann
und es zu Asche werden lässt.

Du wirst geliebt.
Du bist wichtig.
Du bist wertvoll.
Egal, was alle anderen sagen.

Avril Lavigne – Keep holding on

SUPERHELD *und Märchenprinz*

Ich brauche keinen Superhelden,
Superman, Batman oder wie sie alle heißen.
Ich brauche keinen Märchenprinzen,
alles was ich brauche ist jemand,
der es ernst mit mir meint.
Jemand, an den ich mich anlehnen kann,
jemand der ehrlich ist
und der mir von Anfang an zeigt, wer er wirklich ist.

Natürlich entdeckt man mit der Zeit
immer neue Dinge am anderen,
das meine ich nicht.
Ich will nur nicht eines Tages aufwachen
und einem Fremden gegenüberstehen.

Ich suche nicht nach einem Superhelden,
oder einem Märchenprinzen,
du brauchst keine Superkräfte
und du musst auch keine Drachen töten.
Ich möchte nur, dass du mich in den Arm nimmst,
wenn ich traurig bin,
oder sich die Welt mal wieder gegen mich verschwört.
Ich verspreche dir, ich tue das gleiche für dich.

Ich wünsche mir,
dass wir füreinander ein sicherer Hafen sind,
ein Ort, an dem uns Geborgenheit erwartet
und Verständnis.

Mir ist klar, dass wir uns wahrscheinlich
auch mal streiten werden,
das ist normal und auch gesund,
aber es kommt auf die Art an, wie man es tut.
Man sollte selbst im Streit
niemals den Respekt vor einander verlieren.

Ich weiß, dass du irgendwo da draußen bist.
Fühlst du dich manchmal genauso einsam wie ich?
Oder ist deine Gewissheit,
dein Vertrauen darauf mich eines Tages zu finden,
größer als bei mir?
Manchmal habe ich Angst,
dass wir uns niemals finden werden,
die Welt ist so groß,
es gibt so viele Menschen,
wie sollen sich da jemals unsere Wege kreuzen?
Aber dann gibt es Tage,
an denen die Einsamkeit nicht ganz so groß ist
und ich einfach darauf warte,
dich eines Tages wirklich zu finden.

Du musst kein Superheld sein,
und auch kein Märchenprinz,
einfach nur du.
Mehr will ich nicht.

The Chainsmokers & Coldplay – Something just like this

DRUCK

Wie gehst du mit Druck um?
Wächst du daran oder zerbrichst du irgendwann?
Ich persönlich arbeite irgendwie besser,
wenn ich eine Deadline vor Augen habe.
Ich habe keine Ahnung warum, aber irgendwie ist es so.

Aber auch mir wird es manchmal zu viel.
Es gibt Tage, an denen drohe auch ich
am Druck zu zerbrechen.
Ich sehe mich scheitern
und das macht mir eine Heidenangst.
Ich habe so eine Panik davor eine Versagerin zu sein,
nicht erfolgreich genug oder gut genug zu sein,
dass ich manchmal einfach nicht mehr weiter weiß.

Ich stehe inmitten des Sturms,
die Wellen brechen sich an der Küste,
sie grollen und klingen so unglaublich wütend.
Der Wind heult,
als würde er mir irgendetwas mitteilen wollen,
etwas Wichtiges.
Aber ich verstehe ihn nicht.

Ich bin im Auge des Sturms,
eine Spielfigur,
hin und her geworfen von der Naturgewalt.
Von allen Seiten wird an mir gezerrt
und ich kann nichts tun.
Ich kann nur warten, bis der Sturm endlich vorbeizieht.

Ich weiß, dass es im Leben nicht so läuft.
Meine Ängste und der Druck, sie verschwinden nicht
einfach, weil ich das so will.
Sie lösen sich nicht in Luft auf,
nur weil ich überfordert bin.
Aber manchmal wünschte ich, es wäre so.

Es gibt Tage, da begrüße ich den Druck,
er lässt mich schärfer Denken,
besser formulieren,
schneller sein, als normalerweise.
Druck macht nur so lange Spaß,
wie man ihm gewachsen ist.
Und es gibt immer wieder Tage,
an denen ich es nicht bin.
Tage, an denen die Erwartungen einfach zu groß sind,
und ich mir am liebsten
die Decke über den Kopf ziehen würde.

Aber ich weiß auch, dass ich es schaffen kann.
Noch bin ich nicht gescheitert, egal,
wie knapp es manchmal auch gewesen sein mag.
Ich bin noch da.
Ich mache weiter.
Ich gebe nicht auf.
Ich nutze den Druck, so gut ich kann,
versuche an ihm zu wachsen,
mein Bestes zu geben.
Und ich hoffe einfach, dass es reicht.

Lifehouse - Storm

Kontrolle

Ich bin nicht so wie du, weißt du?
Ich bin nicht spontan.
Ich springe nicht einfach so ins Auto
und fahre irgendwohin.

Ich plane immer alles,
recherchiere stundenlang,
will möglichst wenig dem Zufall überlassen.
Dir reicht ein Dartpfeil irgendwo auf einer Landkarte.

Manchmal wünschte ich, ich könnte so sein wie du
einfach loslassen,
mich treiben lassen,
einfach mal warten was kommt
und die Kontrolle abgeben.

Aber das kann ich nicht,
das konnte ich noch nie.
Ich kann die Zügel nicht aus der Hand geben,
ich kann mich nicht einfach aufs Glück verlassen
und hoffen,
dass alles schon irgendwie gut werden wird.

Ich weiß, du kannst das nicht verstehen.
Du lebst für den Moment,
lässt dich treiben,
ganz ohne Druck und ohne Ziel.

Ich beneide dich um diese Gelassenheit,
dieses Vertrauen,
ich wünschte, ich könnte das auch.

Mein Leben dreht sich um Kontrolle,
ich habe immer ein Ziel vor Augen,
arbeite darauf hin
und habe immer Pläne für die Zukunft,
konkrete Pläne.

Ich weiß einfach nicht, wie man los lässt, glaube ich.
Ich glaube das liegt daran,
dass ich mich so lange Zeit machtlos gefühlt habe.
Jetzt, wo ich selbst die Kontrolle über mein Leben habe,
kann ich sie einfach nicht mehr aufgeben.

Ich habe Angst davor.
Ich will mich nicht mehr hilflos fühlen.
Ich will stark sein
und ich will immer wissen, was kommt.
Ich will nicht kalt erwischt werden.

So viele Jahre habe ich gekämpft,
um mich aus dieser Verzweiflung frei zu kämpfen.
Die Kontrolle war meine Rüstung,
mein Schild.

Vielleicht schaffe ich es irgendwann einmal,
die Zügel zu lockern und einen Mittelweg zu finden.
Was meinst du?

Jeanette Biedermann - Howling at the moon
Jetta - Feels like coming home

Du

Manchmal wünschte ich, ich wäre so stark wie du.
Dir scheint das Getuschel,
der Tratsch
und die gehässigen Blicke
überhaupt nichts auszumachen.
Wie schaffst du das?

Und wie schaffst du es,
trotz all dem ständig optimistisch
und freundlich zu sein?
Du bist nett zu jedem,
du bist nicht nachtragend,
nimmst du es ihnen denn nicht übel?

Ich kann das nicht.
Ich kann nicht einfach vergessen,
was sie zu mir oder über mich gesagt haben.
Ich kann ihnen nicht all diese Gemeinheiten vergeben,
als hätten sie mich damit nicht verletzt.
Warum kannst du es?

Du gehst mit einem Lächeln durch die Welt,
und das, obwohl dir von allen Seiten
Hass und Ablehnung entgegenschlagen.

Ich wünschte, ich wäre wie du.
Ich wünschte, ich hätte deine Stärke,
deine Art, all das einfach hinter dir zu lassen.

Viel zu oft kann ich die Erinnerungen
nicht in Schach halten.
Sie stürzen sich auf mich,
reißen den Schorf von meinen Wunden
und bringen mich erneut zum Bluten.
Ich kann den Schmerz nicht ausblenden.
Wie machst du das?

Es scheint immer wieder,
als würdest du ihr Gerede nicht hören,
hörst du es wirklich nicht, oder tust du nur so?
Bist du wirklich so stark,
oder ist das nur eine Maske, die du trägst,
damit niemand sieht, wie es wirklich in dir aussieht?
Ist dein Optimismus echt?
Oder benutzt du ihn als Bollwerk gegen ihren Hass,
wie dein Lächeln?

Aber selbst wenn all das nur Fassade ist,
selbst wenn du nur so tust,
als würden sie dich nicht verletzen,
ich bewundere dich.
Man merkt es dir nicht an und du wirkst glücklich,
als wärst du mit dir vollkommen im Reinen.

Ich weiß nicht, ob da wirklich so ist,
aber ich hoffe es sehr.
Du verdienst es.

Ich hoffe, dass dich ihre Worte wirklich nicht berühren,
ich wünsche dir ein unbelastetes, ein glückliches Leben.
Ich wünsche mir,
dass ihr Hass nicht an dich heran kommt
und das, was du der Welt zeigst,
der Wahrheit entspricht,
um deinetwillen.

Sia - Angel by the wing

Schicksal

Ich habe nie an das Schicksal geglaubt.
Ich denke, das ist etwas für Menschen,
die nicht so viel Mist erlebt haben,
Menschen, die optimistisch
und fröhlich durchs Leben gehen.
So ein Mensch war ich nie.

Nein, das stimmt nicht ganz,
ich glaube als Kind war ich einmal so,
damals, als es nichts Wichtigeres gab,
als eine bestimmte Sendung im Fernsehen,
oder ein Spielzeug
oder die anderen Kinder
im Kindergarten zum Spielen einzuladen.
Doch ich musste bald darauf lernen,
dass es auch anders laufen kann.

Nur wenige Jahre später
verdunkelten dunkle Wolken die Sonne
und das Strahlen verschwand aus meinem Leben.
Ich musste lernen, dass anders zu sein
etwas Schlechtes ist
und plötzlich nicht mehr akzeptiert wurde.

Mein Wissensdurst
machte mich zu einer Ausgestoßenen,
meine Figur zu einer Lachnummer für Mitschüler
und auch Lehrer.

Es ist faszinierend,
wenn ich mir heute Fotos von damals ansehe,
muss ich zugeben, so dick war ich eigentlich gar nicht.
Doch man gab mir das Gefühl,
dass nie ein dickerer
und dadurch verachtenswerterer Menschen
auf Erden gewandelt ist.

Es war schlimm, diese Einsamkeit.
Ich lernte mir kleine Ziele zu setzen
bis zu den Herbstferien,
bis Weihnachten,
bis zum Gymnasium
und einfach immer bis dahin durchzuhalten.
Doch es wurde nicht besser,
es wurde schlimmer.

Ich kann nicht beschreiben,
wie es sich anfühlt mit so viel Bosheit
und Hass konfrontiert zu werden.
Es macht einen kaputt.

Vor allem wenn man denkt,
dass es da inmitten all dieser Ablehnung
ein paar wenige gibt,
die vielleicht anders sind
und dann eines Besseren belehrt wird,
wenn man seinen 12. Geburtstag feiert
und niemand kommt.
Diese Gewissheit so wenig geachtet zu werden,
so unbedeutend
und wertlos zu sein, brennt sich dir ein.
Sie hinterlässt Narben, die keiner sieht,
die du aber nie wieder los wirst.

Wie hättest du reagiert?
Ich habe nie wieder meinen Geburtstag
mit anderen gefeiert,
habe nie wieder andere eingeladen mit mir zu feiern,
bis heute.

Diese Zeit hat mir mein Licht geraubt
und es durch Dunkelheit ersetzt.
Eine Dunkelheit,
die mich seither auf Schritt und Tritt begleitet.
Die mein Leben nachhaltig geprägt,
mir aber auch das geschenkt hat,
was heute ein zentrales Element in meinem Dasein ist:
Meine Worte.

Diese Worte hier,
sie kamen zu mir, als ich kurz davor stand
dem Druck nachzugeben,
die Mobber gewinnen zu lassen,
aufzugeben
und ihren Worten zu glauben,
dass mich niemand vermissen würde,
dass die Welt ein besserer Ort wäre, ohne mich,
dass ich es für alle leichter machen würde,
wenn es mich nicht mehr gäbe.
Und auf einmal war da diese Stimme,
sie flüsterte mir Worte zu und ich schrieb sie auf.
Sie hat mich gerettet
und seitdem lasse ich all meinen Schmerz,
all meinen Kummer,
all meine Verzweiflung in die Worte fließen.

Wann immer es zu viel wird,
ist die Stimme da,
flüstert mir neue Worte zu und erlaubt es mir,
alles herauszulassen.
Nie hätte ich gedacht,
dass ich meine Worte eines Tages
mit anderen teilen würde,
dass sie mich zu einer Autorin machen würden.
Doch so ist es.

Ich kann es noch immer kaum glauben,
dass es Menschen da draußen gibt,
die meine Worte als „Kunst" ansehen,
die mich dafür bewundern und loben,
die sich durch sie verstanden oder gar getröstet fühlen.
Ich hätte nie gedacht,
dass mir das noch mehr geben würde,
als es der Prozess des Aufschreibens schon tut.
Wenn ich die Worte aufschreibe,
lasse ich den emotionalen Druck ab,
hinterher bin ich leer.

Doch wenn ich dieses Feedback lese, bin ich nicht leer.
Ich bin erfüllt von Freude,
einer Freude, die ich seit meiner frühesten Kindheit
nicht mehr gespürt habe.
Und ich habe endlich erkannt was es ist:
Mein Licht ist wieder da,
mein Strahlen hat sich durch die vielen Schichten
der Dunkelheit hindurch gekämpft
Und ist zu mir zurückgekehrt.

Ich strahle wieder.
Ich leuchte wieder.
Dank der Worte
Und vor allem dank derer,
vor denen ich so viele Jahre lang Angst hatte:
Menschen.

Ist das der Beweis, dass es das Schicksal wirklich gibt?
Dass ausgerechnet aus dem,
das mich einst fast zerstört hätte,
das geboren wurde, das mich gerettet hat?
Und jetzt sogar aus dem wiederum das,
das mich endlich heilen lässt?
Ist das Schicksal?
Vorsehung?
Oder einfach Glück?

Mir ist egal was es ist, ich bin einfach dankbar,
dass es so ist
und ich mich das erste Mal seit Jahren,
wieder vollständig fühle,
und das Strahlen genießen kann.

Christina Perri - Human

PERFEKT

Du bist perfekt so wie du bist.
Hat dir diese Worte schon einmal jemand gesagt?
Und noch viel wichtiger:
Hat er oder sie sie auch so gemeint?
Mir hat sie noch nie jemand gesagt
und ich hätte niemals gedacht, dass ich sie hören muss.

Ich dachte immer, ich komme klar, so wie ich bin,
so wie die Dinge allgemein sind.
Aber ich schätze jeder von uns
braucht ab und an ein Lob,
eine Versicherung, dass wir,
auch wenn wir unsere Fehler haben,
in den Augen einer anderen Person
eben nicht nur aus Fehlern bestehen,
sondern „perfekt" sind.

Perfekt, was ist das schon?
Wir alle haben unterschiedliche Vorstellungen davon.
Manchmal dreht es sich um Äußerlichkeiten,
manchmal um bestimmte Charaktereigenschaften.
Aber der Punkt ist,
dass jeder sich etwas anderes
unter „Perfektion" vorstellt.

Trotzdem streben wir alle danach,
ob nun bewusst oder unterbewusst.

Wir alle haben Fehler,
manche lassen sich nicht
vor den Blicken anderer verstecken,
sind offensichtlich für jeden, der uns ansieht,
andere sind nicht direkt bemerkbar,
aber dennoch sind sie da.

Manchmal frage ich mich was schlimmer ist,
Fehler und Makel, die jeder sehen kann,
oder die, die nur wir sehen können,
von denen wir aber glauben,
dass jeder andere sie garantiert auch bemerkt
und uns dafür verurteilt.

Kennst du dieses Gefühl, ständig beobachtet zu werden?
Nicht in paranoider, krankhafter Art und Weise,
sondern in der Art, dass du das Gefühl hast,
jeder starrt den Saucen-Fleck auf deiner Bluse an,
egal wie klein er auch sein mag,
jeder muss ihn einfach sehen
und dich dafür verurteilen.

Unsere Fehler,
ob offensichtlich oder nicht,
machen uns verletzlich,

sie machen uns angreifbar,
sie machen uns unsicher.
Niemand möchte gern verurteilt werden.
Wir alle wollen professionell auftreten,
nicht negativ auffallen.
Wir alle wollen in den Augen der anderen perfekt sein,
oder zumindest so nahe dran wie möglich.

Wir fühlen uns beobachtet,
wenn wir diesem Anspruch an uns selbst nicht genügen,
es fühlt sich an,
als würde eine Leuchtreklame all unsere Fehler
und Makel in Szene setzen,
dafür sorgen,
dass sie allen anderen sofort auffallen müssen.
Wir können uns nicht vorstellen, dass es nicht so ist.
Dabei ist es meistens wirklich so,
dass ein anderer das,
wofür wir uns selbst gerade fertig machen, nicht sieht.

Gut, es gibt immer jemanden,
der andere betrachtet
und krampfhaft nach Makeln sucht,
aber die Mehrheit ist so sehr mit sich selbst
und den eigenen Unsicherheiten beschäftigt,
dass sie keine Zeit und Energie darauf verschwenden,
die unseren zu suchen.

Trotzdem fühlt es sich anders an,
weil wir selbst uns immens unter Druck setzen.
Wir wollen perfekt sein,
oder wenigstens nicht negativ auffallen.
Ich verstehe das,
auch ich spüre diesen Druck regelmäßig.
Das tut jeder.

Was wir dabei aber immer vergessen ist,
dass sich jeder Mensch diesen Druck macht.
Jeder.
Egal, ob es Verwandte sind oder Freunde,
Arbeitskollegen oder Chefs.
Ich finde es wichtig, einander zu sagen,
was wir am jeweils anderen schätzen.
Wir alle brauchen ab und an liebe Worte
und ein ehrlich gemeintes Lob.
Sie sind wie Balsam, der sich auf diese Ängste legt.

Klar marschieren wir nicht zu unserem Chef
und sagen ihm, was wir an ihm schätzen,
aber warum nicht im engsten Kreis anfangen?
Bei Freunden,
Verwandten,
dem Partner?
Du bist perfekt so wie du bist.
Vielleicht nicht für andere, aber für mich.
Ich mag dich mit all deinen Macken und Fehlern.

Ich hätte nie gedacht,
wie sehr ich mich nach solchen Worten gesehnt habe.
Ich dachte immer, ich komme klar, so wie es ist,
aber das stimmte nicht.
Erst, als ich Menschen getroffen habe,
die mir ab und an nette Dinge gesagt haben
wurde mir klar,
wie sehr ich diese Worte hören musste.

Und weil ich weiß, wie sich das anfühlt,
habe ich mir vorgenommen,
ebenfalls diese Worte weiterzutragen.
Ich werde nicht lügen,
aber ich werde anderen sagen, was ich an ihnen schätze,
dass ich sie mag, wenn ich sie mag
und was sie meiner Meinung nach gut können.
Wir alle brauchen ein Lob ab und an
und wir können niemals wissen,
wie sehr unser Gegenüber sich vielleicht gerade jetzt
danach sehnt
Und was für einen Eindruck
das bei ihm oder ihr machen kann.
Vielleicht kannst du mit ein paar wenigen,
ehrlichen Worten ein Leben verändern.
Wäre das nicht perfekt?

Olivia Millerschin – I can say
Soulsavers – Revival

Licht

Ich weiß noch, wie du früher warst.
Du sprühtest vor Leben,
konntest nie lange stillsitzen,
warst immer in Bewegung,
hast getanzt,
gestrahlt.

Du kamst mir immer vor wie ein Sonnenstrahl,
immer warm,
immer glücklich,
immer fröhlich.

Heute ist das anders.
Dein Licht ist erloschen,
erstickt.
Und es bricht mir das Herz dich so zu sehen.

Ich weiß nicht, was passiert ist.
Du willst es mir nicht sagen
und ich will dich nicht bedrängen.
Aber egal was es ist, oder wer es ist,
ich hasse es oder ihn dafür.

Du bist so ruhig.
Das passt überhaupt nicht zu dir.
Wo ist dein Drang dich zu bewegen hin?
Zu tanzen?
Zu lachen?
Zu singen?

Ich wünschte, ich könnte irgendetwas tun,
um dein Licht zurückzuholen.
Ich will dich wieder strahlen sehen,
ich will dich tanzen sehen,
ich will dich glücklich sehen!

Bitte, wenn ich etwas tun kann sag es mir.
Lass mich dir helfen.
Ich werde dich stützen,
wenn du nicht allein stehen kannst,
ich werde dich führen,
wenn du verlernt hast zu tanzen,
ich werde dein Licht sein,
bis du deines wiedergefunden hast.
Ich werde die Nacht erhellen,
bis es keine Schatten mehr gibt,
bis nichts mehr da ist,
dass dir Angst machen kann.

Bitte sag mir, dass es noch nicht zu spät ist,
sag mir, dass es noch Hoffnung gibt,
dass ich etwas tun kann,
dass du, dein echtes ich,
noch immer irgendwo da drin steckt,
dass noch nicht alles verloren ist,
dass ich dich nicht für immer verloren habe.

Lass mich deine Stärke sein,
lass mich dein Licht sein,
lass mich dir helfen, bis du wieder leuchten kannst.

Jet – Shine on

LOB

Ich bin gut!
Das habe ich super gemacht!
Hast du dir das selbst auch schon einmal gesagt?
Lobst du dich selbst?
Und wenn du es tust,
fühlst du dich deswegen schuldig?

Ich finde wir alle sollten uns selbst ab und an loben.
Es gibt so viele Gründe sich selbst fertig zu machen,
sich an Fehlern aufzureiben
und sich selbst Vorwürfe zu machen.
Aber die Dinge, die wir richtig machen,
die wir gut machen,
die würdigen wir deutlich seltener.

Warum, denkst du ist das so?
Sind wir einfach so selbstkritisch,
dass es uns leichter fällt unsere Fehler zu sehen?
Ich finde das schade.
Aber ich bin auch nicht anders.

Ich kritisiere mich selbst andauernd.
Ich lasse die Selbstzweifel gewinnen
und das Ergebnis davon ist immer gleich:

Ich fühle mich schlecht,
unzulänglich,
wie eine Versagerin.

Dabei gibt es unzählige Dinge,
die mir gelungen sind,
die ich gut gemacht habe,
doch ich habe niemanden,
der sie sieht,
der mich deswegen lobt.
Fällt es mir deswegen so schwer
mich darüber zu freuen?
Diese kleinen Siege anzuerkennen?
Oder macht das keinen Unterschied?
Wäre ich so oder so überkritisch?

Ich wünschte wirklich,
ich wäre es nicht.
Ich wünschte,
ich könnte meine Erfolge besser auskosten,
mich selbst loben
und auf dieser Welle eine Weile reiten,
daraus Selbstbewusstsein ziehen
und mich selbst auch mal feiern.

Ich will nicht immer kritisch sein,
ich will nicht immer nur meine Fehler sehen,
ich will meine Erfolge feiern.

Ich will mich selbst nicht immer nur fertig machen,
ich will mich loben
und von jetzt an, werde ich das auch.

Ich kann etwas.
Ich bin gut in einigem.
Ich habe Erfolge vorzuweisen.
Egal, was diese Stimme in meinem Kopf auch sagt,
ich bin gut!

James Blunt - Champions
Band of Horses - Funeral

Erdbeben

Es ist faszinierend, wie schnell sich alles ändern kann.
Gerade hattest du deine Ängste und Sorgen
und Minuten später
verändert eine Nachricht einfach alles.
Deine Perspektive wird verschoben
und alles irgendwie zurechtgerückt,
aber nichts ist mehr, wie es vorher war.

Manche sagen,
es gibt Nachrichten, die einschlagen wie eine Bombe.
Ich finde sie sind eher wie ein Erdbeben.
Sie erschüttern deine Welt,
schütteln dich durch,
verschieben alles um dich herum
und plötzlich ist deine Welt eine andere.

Es muss nicht direkt alles in Trümmern liegen.
Manchmal braucht man etwas Zeit,
bis die volle Tragweite bei einem angekommen
und der erste Schock verdaut ist.
Doch das Ergebnis ist immer gleich:

Was eben noch wichtig,
oder schrecklich,
oder beängstigend war,
ist plötzlich nebensächlich.
Sie wurden vom Thron gestoßen von einer größeren,
beängstigenderen Nachricht.

Wir alle halten uns in gewissem Maße für unsterblich.
„Das passiert doch nur den anderen"
„Das ist weit weg, hier gibt es das nicht"
Das Problem ist aber, dass es uns doch treffen kann,
wenn auch nicht immer direkt.
Manchmal reicht es schon,
wenn jemand im Bekanntenkreis betroffen ist,
um uns unsere eigene Sterblichkeit
vor Augen zu führen.

Keiner von uns denkt gern darüber nach,
vielleicht ist das der Grund dafür,
warum es uns so trifft,
es ist schön in dieser Blase,
die wir uns geschaffen haben,
in der alles Gefährliche und Beängstigende
immer nur anderen passiert.
Aber diese Sicherheit ist trügerisch
und kann so leicht erschüttert werden.

Wann immer „die Einschläge näher kommen",
wie manche gern sagen,
wird uns klar, dass wir uns etwas vormachen.
Es geht aber nicht darum,
sondern wie wir demjenigen beistehen,
der nicht verschont worden ist.
Dieser Mensch durchlebt vielleicht gerade
die schlimmste Zeit seines Lebens
und nur weil seine Tragödie uns Angst gemacht hat,
ist das kein Grund
diesem Menschen nicht zur Seite zu stehen.
Ich jedenfalls werde genau das tun,
egal, wie schwer das vielleicht wird.

Liz Longley – This is not the end
Skylar Grey – Moving Mountains

LIEBER *Astronaut*

Hallo, lieber Astronaut da oben im Weltraum,
wie fühlt es sich an,
die Erde so klein unter dir zu sehen?
So weit entfernt zu sein,
von allem und jedem den du kennst?
Fühlst du dich einsam,
oder genießt du das Abenteuer?

Sag mir, lieber Astronaut,
wolltest du schon immer den Weltraum sehen?
Die Erde verlassen
und diese fremden Welten erforschen?
Ist es so, wie du es dir vorgestellt hast?
Oder vermisst du etwas?

Wie sieht die Welt von oben aus, lieber Astronaut?
Siehst du die Schönheit der Erde,
oder nur all das, was bereits zerstört worden ist?
Ich frage mich,
wirst du unsere Erde noch wiedererkennen,
wenn du zurückkommst?
Oder wird nichts mehr so sein, wie es war als du gingst?

Was fehlt dir am meisten, lieber Astronaut?
Die Menschen aus deinem Umfeld?
Das Essen?
Die Luft?
Das Wetter?
Oder etwas ganz anderes?
Ich weiß nicht, was mir am meisten fehlen würde,
ich glaube, alles zusammen.

Sag mir, lieber Astronaut, fühlst du dich einsam?
Wärst du lieber wieder auf der Erde?
Oder genießt du deine Zeit da oben?
Wie fühlt es sich an im Weltraum zu schweben?
Um dich herum diese unbeschreibliche Schwärze
nur durchbrochen vom Licht der Sterne.
Fühlen sie sich noch näher an, oder weiter entfernt?

Lieber Astronaut,
ich sehe nach oben zu den Sternen und weiß,
dass du irgendwo herumfliegst,
du ziehst deine Kreise um die Erde
und ich wüsste wirklich gerne was du denkst
was du fühlst.
Die Menschheit fliegt schon so lange zu den Sternen,
aber dennoch fühlt es sich noch immer
so unwirklich an.

Wie ist das bei dir?
Fühlt es sich real an oder wie ein Traum?
Ist es ein schöner Traum oder ein Albtraum?

Ich frage mich, was du vorfinden wirst, lieber Astronaut,
wenn du wieder auf der Erde landest
und deine Kapsel verlässt.
Wird unsere Welt noch dieselbe
oder unwiederbringlich verändert sein?
Wirst du dir wünschen
niemals zurückgekommen zu sein?
Oder niemals die Erde verlassen zu haben?

Silbermond – Durch die Nacht

TRAUM*beruf*

Weißt du noch, was du als Kind mal werden wolltest?
Hast du diesen Traum verwirklicht
oder bist du irgendwann davon abgewichen?
Und wenn du ihn aufgegeben hast, war das freiwillig
oder hat dich das Leben dazu gezwungen?

Was wolltest du mal werden, als du klein warst?
Wer waren die Helden deiner Kindheit?
Astronauten
Polizisten
Feuerwehrleute
Ärzte
Lehrer
Busfahrer
Wissenschaftler
Welcher war dein Traumberuf?

Wenn du ihn jetzt ausübst, wie fühlt sich das an?
Ist es genau so, wie du es dir immer vorgestellt hast?
Oder ist die Realität ganz anders?
Ist er noch immer dein Traumberuf
oder nur noch nervender, ermüdender Alltag?

Wenn du ihn nicht ausübst, warum tust du es nicht?
Warum hast du ihn aufgegeben?
Oder hast du das am Ende gar nicht, sondern er dich?
Woran ist es gescheitert?
Oder war es eine bewusste Entscheidung
gegen die Träume deiner Kindheit?

Vermisst du es?
Ein Kind zu sein und vom Großsein zu träumen?
Dir auszumalen, wie es wohl ist, erwachsen zu sein,
zu arbeiten,
Geld zu verdienen?
Ist es so, wie du es dir vorgestellt hast?

Ich konnte mich nie auf einen Traumberuf festlegen.
Ich wollte mal Lehrerin werden,
als meine Lehrerin der einzige Mensch
in der Schule war, der nett zu mir war.
Ich wollte mal Psychologin werden,
als ich am Boden lag und mir selbst nicht helfen konnte,
aber andere retten wollte.
Ich wollte mal Sängerin werden,
weil mich Musik so unglaublich berühren konnte,
obwohl mir klar war,
dass ich niemals gut genug wäre.
Ich wollte mal Ärztin werden und Leben retten,
jeden Tag das Gefühl vermitteln,
dass nichts hoffnungslos ist.

Letztlich hat mich mein Traumberuf
über Umwege gefunden.
Ich habe Pläne gemacht,
sie zielstrebig verfolgt
und bin ein ums andere Mal in Sackgassen gelandet.
Ich habe mich wie eine Versagerin gefühlt,
dumm und wertlos.
Ich dachte, ich würde nie etwas finden,
dass ich liebe und in dem ich gut bin,
so gut, dass die Zweifel keine Chance
gegen das Gefühl haben würden,
das Richtige zu tun,
meinen Platz gefunden zu haben.

Irgendwann war ich ziellos,
planlos,
ich hatte so viel Angst vor der Zukunft und wusste,
dass ich den falschen Weg verfolgte,
aber ich hatte so viel Angst ihn zu verlassen
und am Ende vor dem Nichts zu stehen.
Doch dann fand mich mein Traumberuf.
Eine Nachricht,
ein Gedanke,
eine große Portion Mut
und ein Sprung ins Ungewisse.
Und hier bin ich.
Ich bin glücklich.

Ich bin zufrieden und erfüllt von dem Wissen,
dass ich gut bin in dem, was ich tue,
dass ich etwas kann,
dass ich stärker bin als die Zweifel,
obwohl sie nach wie vor versuchen
mich zu erschüttern.
Der Unterschied ist nur,
dass ich jetzt weiß,
dass sie unrecht haben.

Wie ist es bei dir?
Machst du das,
was du immer machen wolltest?
Oder hat auch dich das Leben in Sackgassen geführt?
Über Umwege geschickt
und dich mehr als einmal aus der Kurve geworfen?

Liebst du das, was du tust?
Ich wünsche es mir für dich.
Ich wünsche es mir für jeden Menschen.
Ich will, dass jeder dieses Gefühl kennt,
am richtigen Platz zu sein,
auch wenn es ein ganz anderer ist,
als man es jemals erwartet hätte.

Und wenn du es nicht liebst hoffe ich,
dass du es wenigstens nicht hasst.
Zu werden von der Frustration zerstört.

Ich will das nicht für dich.
Ich will das nicht für irgendjemanden.

Was wolltest du mal werden als du klein warst?
Verrätst du es mir?

Silbermond - Durch die Nacht

MEIN *Held*

Du warst mal mein Held, weißt du das?
Ich habe dich bewundert,
zu dir aufgesehen.
Ich dachte, du könntest nichts falsch machen.
Ich dachte, du würdest mich niemals verletzen.

Heute weiß ich, dass ich falsch lag.
Vielleicht war es mein Fehler,
dich auf dieses Podest zu stellen.
Aber das macht man eben als Kind.
Man liebt und verehrt bedingungslos.

Heute weiß ich, wie gefährlich das ist,
jemanden auf ein Podest zu stellen.
Man vergisst seine Mauern in Position zu halten,
ist verletzlich
und wenn dann ein Angriff kommt,
trifft er dich mitten ins Herz
und zerbricht dich in tausende von Teilen.

Ich hätte niemals damit gerechnet,
jemals diese Kälte in deinen Augen zu sehen,
wenn du mich ansiehst.

Jemals diese Ablehnung zu fühlen
und zu wissen, dass du dir wünschst,
ich wäre nicht da.

Niemand hat mich je so sehr verletzt wie du.
Weil ich es nicht habe kommen sehen.
Du warst mein Held.
Ich habe mich bei dir immer so wohl
und geborgen gefühlt
und von jetzt auf gleich ist all das verschwunden.

Ich kann mich in deiner Nähe nicht mehr entspannen,
weißt du das?
Ich weiß nicht, was schlimmer ist.
Der Verlust dieses Vertrauens in dich
oder dieses Gefühls von Geborgenheit.
Ich weiß nicht,
was von beidem mich mehr gebrochen hat.

Wenn ich in deiner Nähe bin,
halte ich die Stille nicht mehr aus.
Ich will nicht fühlen, was ich fühle,
ich will nicht die Veränderungen wahrnehmen,
ich will nicht sehen, wie du mich jetzt ansiehst
und ich habe Angst vor jedem Wort,
das aus deinem Mund kommt.
Wird dieses Wort das sein,
dass mich endgültig zerstört?

Wird dieses Wort
mein Herz unwiederbringlich zersplittern lassen?
Wird es in so viele Teile zerspringen,
dass ich es dieses Mal
nicht wieder zusammensetzen kann?

Ich versuche die Stille mit Worten zu füllen.
Ich weiß, ich rede zu viel, wenn ich in deiner Nähe bin,
aber die Alternative ist zu unerträglich für mich.
Ich kann dir nicht aus dem Weg gehen,
also muss ich irgendwie die Stille vermeiden.
Aber dadurch bringe ich dich auch gegen mich auf.
Egal was ich tue, es nimmt dich gegen mich ein.
Nichts ist jemals gut genug.

Schon lange strebe ich nicht mehr
nach deiner Anerkennung,
ich weiß, dass ich sie niemals bekommen werde.
Ich habe schon vor Jahren aufgegeben,
dich beeindrucken zu wollen.
Das würde ich sowieso nicht schaffen.

Du warst mal mein Held, weißt du?
Ich habe dich so sehr bewundert,
dich so sehr geliebt,
aber irgendwann hast du entschieden,
dass du mich nicht mehr willst.

Du hast mich damit gebrochen,

mich mehr zerstört,

als es irgendjemand anders je geschafft hätte.

Ich hoffe du bist stolz auf dich,

denn ich bin es schon lange nicht mehr.

Du bist nicht mehr mein Held.

Du bist nichts mehr für mich.

Nichts außer ein paar schöner Erinnerungen,

die jedes Mal vom Schmerz verzehrt werden.

Ich frage mich, wie lange ich sie noch bewahren kann,

bis auch sie verblassen,

wie die Fotos von früher,

Als du noch mein Held gewesen bist.

John Ondrasik – Hero

KONSE*quenzen*

Es gibt Dinge, die kann man nicht mehr zurücknehmen.
Worte, die, einmal ausgesprochen,
nicht mehr ungesagt gemacht werden können.
Hast du jemals darüber nachgedacht,
ob du mit deinen Taten,
deinen Worten,
das Leben eines anderen Menschen
unwiederbringlich veränderst?

Manchmal sind es nicht einmal
bewusste Entscheidungen,
die die größten Konsequenzen nach sich ziehen.
Gehe ich über diese Straße oder nicht?
Ziehe ich eine Jacke an, oder lasse ich sie zu Hause?
Wie soll so eine kleine Entscheidung
ein Leben verändern?
Meistens tut sie das nicht,
manchmal aber schon.

Hast du dir jemals Gedanken darüber gemacht,
was für einen Einfluss
du auf das Leben der Menschen hast,
die du an einem Tag siehst?

Ihr müsst nicht einmal miteinander reden
und trotzdem,
kannst du einen Effekt auf jemanden haben.

Ich weiß, das klingt verrückt, aber es ist möglich.
So viele kleine Dinge lösen Ereignisketten aus,
die große Dinge in Bewegung setzen.
Doch meistens sind wir zu sehr gefangen in den Folgen,
um uns darüber Gedanken zu machen,
wie das alles überhaupt angefangen hat.

Noch schlimmer ist es aber,
wenn wir aktiv durch unsere Taten oder Worte,
einem anderen Menschen schaden.
Wenn wir absichtlich etwas sagen,
obwohl wir wissen, dass es den anderen verletzt.
Warum tun wir so etwas?
Warum verändern wir aktiv das Leben eines anderen
zum Negativen?

Hast du mal über die Konsequenzen nachgedacht?
Ob du vielleicht mit deinen Worten
den Stein ins Rollen bringst,
der nicht mehr aufgehalten werden kann?
Ob du mit einer verletzenden Bemerkung,
vielleicht einen anderen in den Abgrund stößt?
Hast du jemals darüber nachgedacht?

Freya Ridings - You mean the world to me

TRAGÖDIEN

Wir alle haben Tragödien in unserem Leben.
Aber bei manchen von uns
haben sie stärkere Auswirkungen als bei anderen.
Sie sind Wendepunkte,
ab denen sich unser Leben unumkehrbar verändert hat.
In manchen Fällen wirken sie wie Weckrufe,
bringen uns ab von unserem zerstörerischen Weg
und führen uns zurück auf den Pfad,
den wir niemals hätten verlassen dürfen.
Doch in den meisten Fällen
verändert uns die Tragödie in einer Art,
die von Dunkelheit geprägt ist.

In Büchern wird so ein Ereignis gern
„Die Tragödie eines Lebens" genannt
und das ist sie auch.
Denn diese Tragödie bringt Dinge ins Rollen,
die letztlich dazu führen,
dass man sie niemals ganz loslassen kann.
Sie begleitet uns für den Rest unserer Tage
und in einigen Fällen
überschattet sie jeden glücklichen Augenblick.

Oft ist diese Tragödie
der Verlust eines geliebten Menschen.
Aber ist es wirklich nur dessen Verlust,
oder nicht vielmehr die Schuld,
die wir uns selbst deswegen geben?
Selbst wenn wir nichts hätten tun können,
wir finden immer einen Grund,
uns nach einem Verlust schuldig zu fühlen.
Haben wir genug getan,
oder zu viel?
Sind wir verantwortlich?
Hätten wir da sein müssen,
oder wäre alles ganz anders, besser, verlaufen,
wären wir es nicht gewesen?

Die meisten Menschen schaffen es,
während des Trauerprozesses
diese Schuld zu verarbeiten,
doch was ist mit denen, die es nicht können?
Sei es, weil sie durch die Schuldgefühle
die geliebte Person irgendwie noch festhalten wollen
oder weil sie tatsächlich Schuld tragen an etwas
und sei es nur etwas,
das sie beim besten Willen nicht hätten ändern können.

Was ist mit diesen Menschen,
deren Leben von Schuldgefühlen überschattet wird?
Deren Leben geprägt ist durch eine Tragödie,

die sie nicht loslassen können?
Sind sie auf immer verdammt
mit dieser erdrückenden Trauer zu leben?
Oder gibt es auch für sie eine Chance auf Glück?

Es gibt Menschen,
deren Leben um diese eine Tragödie kreist.
Sie leben für Jahre, oder gar den Rest ihres Lebens
an einem bestimmten Ort,
wegen dessen Bedeutung.
Weil sie dort den geliebten Menschen verloren haben,
oder dort zum letzten Mal mit ihm glücklich waren.
Sie bauen ihr Leben um die Trauer herum,
meiden bestimmte Menschen deswegen,
oder suchen aus genau diesem Grund ihre Nähe,
um etwas wieder gut zu machen,
dass sie vielleicht nicht einmal selbst zerstört haben.

Ich wünschte, es gäbe irgendwelche magischen Worte,
durch die man diese Menschen erlösen kann,
durch die man ihnen Frieden schenken kann,
durch die man ihnen neuen Mut geben kann,
sich über ihre Tragödie zu erheben
und ihr Leben
endlich wieder auf das Leben auszurichten
und nicht länger auf den Tod.

Ich wünschte, ich könnte irgendetwas tun,
um ihnen zu helfen diese Tragödien zu überwinden.
Doch das kann ich nicht.
Vielleicht ist das meine Tragödie.
Und das zu akzeptieren ist alles andere als leicht.

Andra Day – Rise up

BLAUE *Haken*

Ich hätte mich für stärker gehalten.
Ich hätte erwartet, dass ich nach all dem,
was ich schon durchgemacht habe,
stärker wäre.
Es tut weh, einsehen zu müssen,
dass es nicht so ist.

Schweigen tut mehr weh, als Worte,
das hätte ich niemals erwartet.
Aber es ist so.
Hartnäckiges Schweigen zermürbt einen,
vor allem dann, wenn man keine Ahnung hat,
was der Auslöser dafür ist.

Eben warst du noch da,
ein wichtiger Mensch in meinem Leben,
jemand, auf den ich mich verlassen habe,
dem ich mich anvertraut habe,
mit dem ich immer offen geredet habe.
Und jetzt, plötzlich, bist du einfach fort.

Ghosten nennt man das jetzt auf neuhochdeutsch.
Wenn jemand sich einfach nicht mehr meldet,
alle Nachrichten ignoriert,
und kein Lebenszeichen mehr von sich gibt,
aber die Nachrichten eindeutig gelesen hat.

Ich hätte nicht gedacht,
dass mir das mit dir passieren würde.
Ich hätte nicht gedacht, dass du mich einfach so aus
deinem Leben streichst,
als wäre ich niemand,
als wäre ich austauschbar und nicht weiter wichtig.
Dein Schweigen schmerzt mehr,
als es jedes verletzende Wort je könnte.

Und trotzdem bin ich schwach
und schreibe dir immer wieder,
bettle um deine Aufmerksamkeit,
um jedes Wort von dir,
und das erschreckt mich.
So kenne ich mich nicht.

Ich hätte gedacht,
ich könnte mittlerweile besser damit umgehen,
wenn mich Menschen zurücklassen,
du bist ja weiß Gott nicht der erste, der das tut.

Ich dachte, ich wäre stärker
und könnte das besser wegstecken,
aber ich habe mich getäuscht.
Ich bin nicht stark.

Ich bin schwach,
weil jeder dieser blauen Haken mein Herz zerfetzt.

Andra Day – Rise up

NATUR

Ich sitze in meinem Zimmer und lausche dem Wind.
Er heult,
und braust,
wirft sich gegen Wände und Bäume,
lässt Blätter rascheln
und Fenster knarzen,
als wolle er alles in seinem Weg davonpusten.

Es liegt schon etwas Faszinierendes
und Erschreckendes in den Kräften der Natur.
So weit sind wir gekommen,
so viel Technologie haben wir zur Verfügung,
doch in einem Zweikampf Mensch gegen Natur
haben wir noch immer das Nachsehen.

Wir können viele Dinge vorhersagen,
aber mindestens genau so vieles
überrascht uns noch immer
aus buchstäblich heiterem Himmel.
Diese Naturereignisse gab es schon immer
und doch sind wir jedes Mal wieder erschrocken
und schockiert
über die Kraft der Natur.

Manchmal kommt es mir fast vor,
als wollte uns unser Planet loswerden
und ich könnte ihm das wirklich
nicht zum Vorwurf machen.
Immerhin sind wir Menschen diejenigen,
die ihn zerstören.
Ist es da so verwunderlich,
wenn die Natur zurückschlägt?

Ich wünschte wirklich,
wir würden sorgsamer mit unserem Planeten umgehen,
Er ist so wunderschön.
Und es leben so viele Arten auf unserer Erde,
dennoch zerstören wir immer weiter seine Schönheit,
berauben andere Arten ihres Lebensraums
und viel zu oft sorgen wir dafür,
dass sie für immer verschwinden.

Warum ist es nicht möglich, all das aufzuhalten?
Warum sind wir Menschen oft so rücksichtslos?
Können wir das nicht endlich ändern?
Bevor es endgültig zu spät ist,
wenn es das nicht schon ist.

Gleichzeitig wünschte ich aber auch,
dass nicht so viele Menschen
durch Naturkatastrophen alles verlieren würden,
ihr Hab und Gut oder sogar ihr Leben.

Mir ist klar, dass es immer Todesfälle geben wird,
aber trotzdem macht mich jede Meldung traurig,
weil hinter jeder Zahl ein Leben steckt,
das mit unzähligen anderen verknüpft gewesen ist.
Freunde,
Familie
und für diese Menschen tut es mir unheimlich leid,
dass sie einen geliebten Menschen verloren haben.

Ich weiß, was ich mir wünsche ist utopisch.
Es wird weiter Tote geben,
durch die Natur,
durch Unfälle,
durch Anschläge,
es wird nie aufhören.

Genauso wie ich weiß, dass wir Menschen
nicht einfach so damit aufhören werden,
unsere Erde zu zerstören,
Tiere auszurotten,
die Umwelt zu vernichten.
Trotzdem wünsche ich es mir,
so utopisch es auch sein mag.

Ich lausche dem Brausen des Windes
und wünsche und hoffe,
auf eine bessere Welt.

Gwyneth Paltrow & Tim McGraw - Me and Tennessee

Du sagst

Du sagst, ich bin schön.
Du sagst, ich bin etwas Besonderes.
Du sagst, ich bin begabt.
Du sagst, ich bin talentiert.
Du sagst, ich bin alles was du dir gewünscht hast.
Du sagst, du liebst mich.

Aber du kennst mich doch kaum.
Wir sind praktisch Fremde.
Wie kannst du da ernst meinen,
was du mir sagst?
Und warum fühlt es sich an,
als könnte ich dir vertrauen?

Du sagst, ich bin stark.
Du sagst, ich bin eine Künstlerin.
Du sagst, ich bin die Sonne in deinem Leben.
Du sagst, ich bin alles, was du brauchst.
Du sagst, du liebst mich.

Ich wünschte, ich wäre nicht so misstrauisch,
nur weil ich schöne Worte höre.

Ich wünsche, ich wäre es mehr gewohnt
diese Dinge zu hören,
vielleicht fiele es mir dann leichter sie zu glauben.

Du sagst, ich bin bewundernswert.
Du sagst, ich bin klug.
Du sagst, ich bin das, was du all die Jahre gesucht hast.
Du sagst, ich bringe Licht in dein Leben.
Du sagst, bei mir fühlst du dich Zuhause.

Ich möchte dir so gern glauben, was du sagst,
du ahnst gar nicht wie sehr.
Ich möchte so gern, all das sein und noch viel mehr.
Ich möchte, dass du mich so siehst.
Und vor allem, möchte ich mich selbst so sehen können.
Hilfst du mir dabei?

Du sagst, ich bin perfekt, so wie ich bin.
Du sagst, ich soll mich niemals verändern.
Du sagst, ich bin stärker als ich glaube.
Du sagst, ich bin wunderschön, egal was andere sagen.
Du sagst, meine Worte sind Kunst,
auch wenn sie manch anderer belächelt.
Du sagst, ich schenke dir Frieden in dieser lauten Welt.
Du sagst, du liebst mich,
auch wenn ich es noch nicht glauben kann.
Du sagst, du kannst warten, bis ich bereit bin,
dich in mein Leben zu lassen.

Ich will bereit sein.
Ich will es wirklich.
Ich hoffe, bald bin ich es.

Es ist wie mit diesem berühmten Tropfen,
der den Stein aushöhlt.
Deine Worte tropfen auf die Mauer,
mit der ich mein Herz schütze,
sie tropfen und tropfen und tropfen
und irgendwann höhlen sie meine Mauer aus
und deine Worte treffen auf mein Herz.

Du bist geduldig, das weiß ich.
Wer außer dir, würde mir all diese schönen Dinge sagen,
ohne zu wissen, ob er je eine Chance haben würde?
Nur, weil du weißt, dass ich sie hören muss?

Lauren Daigle - You Say

DIAMANT

Ich hasse es, wie viel Einfluss
du noch immer auf mein Leben hast.
Ich hasse es, dass du der Hauptgrund gewesen bist,
aus dem ich so lange gezögert habe,
die Dinge zu tun,
die ich so lange schon tun wollte.
Ich hasse es, dass ich mich von dir
so habe verängstigen lassen.
Ich hasse es, dass du noch immer
über mein Leben bestimmst.

Ich hasse es, dass ich stundenlang überlege,
ob ich ein Foto von mir posten soll,
nicht aus Angst, darauf blöd auszusehen,
sondern aus Angst, dass du es sehen könntest,
dass du mich dadurch finden könntest.
Ich hasse es, dass ich mehrere Monate überlegt habe,
bevor ich mich getraut habe,
mich auf Social Media Seiten anzumelden.
Ich hasse es, dass es mir noch immer Angst macht,
unter meinem Namen irgendwo zu finden zu sein,
und wenn es nur das Cover meines Gedichtbandes ist.

Ich habe noch immer Angst
und das hasse ich beinahe noch mehr als dich.
Ich hasse dich für alles, das du mir weggenommen hast.
Ich hasse dich dafür, dass du mich gelehrt hast,
was echt Angst ist.
Ich hasse dich dafür,
dass ich die Angst vor dir
nun genauso wenig los werden kann,
wie dich all die Zeit.

Aber ich will die Angst nicht gewinnen lassen,
ich will dich nicht gewinnen lassen.
Und wenn ich zulasse, dass du mir noch mehr nimmst,
als du sowieso schon hast,
gewinnst du und das darf einfach nicht sein.
Ich werde kämpfen.
Ich werde den Gedanken an dich verdrängen,
ich will mir beim Posten eines Fotos
nicht mehr denken müssen,
„Hoffentlich findet er mich dadurch nicht"
Ich will nur noch daran denken,
ob meine Bluse mich dicker macht,
oder ob ich blöd schaue,
oder ob im Hintergrund
irgendetwas Peinliches zu sehen ist.
Du bist nicht mehr Teil meines Lebens
und es wird Zeit, dass es sich auch endlich so anfühlt.

Der Anfang ist schon gemacht.
Obwohl ich Angst hatte,
habe ich mir meinen großen Wunsch erfüllt,
obwohl ich Angst hatte,
bin ich auch bei Social Media aktiv,
sogar bei YouTube,
obwohl man mich da andauernd sehen kann.
Obwohl ich Angst hatte,
steht mein Name auf dem Cover meiner Gedichtbände.
Und wenn du mich dadurch wirklich finden solltest,
wirst du dieses Mal eine andere vorfinden, als damals.
Ich bin stärker geworden.
Ich werde mich nicht mehr
von dir einschüchtern lassen.
Ich werde gegen dich kämpfen
und ich werde gewinnen.
Ich werde nicht zerbrechen.
Ich bin nicht mehr aus Glas, weißt du?
Sondern aus Diamant.

Lauren Daigle - Love Like This

Chance

Du bist immer da, wenn ich mich schwach fühle.
Du wartest auf deine Chance, das weiß ich.
Ich versuche alles, um stark zu bleiben.
Ich darf keine Schwäche zeigen.
Ich darf meine Abwehr keine Sekunde senken.
Meine Mauern müssen halten.

Du sagst, du weißt, dass ich dich will.
Egal, wie oft ich dir auch sage, dass es nicht so ist.
Du sagst, du weißt, dass ich an deine Seite gehöre.
Egal, wie oft ich dir auch sage,
dass ich kein Interesse habe.
Du sagst, deine Anrufe und Textnachrichten
sind ein Zeichen deiner Liebe.
Egal, wie oft ich dir auch sage, dass du das lassen sollst.
100 Anrufe am Tag sind kein Zeichen von Liebe,
sondern von Besessenheit.
Über 200 Textnachrichten beweisen mir nur,
dass du längst außer Kontrolle geraten bist.

Du sagst, du denkst jeden Tag nur an mich.
Das weiß ich, du erinnerst mich ja andauernd daran.
Aber was dir nicht in den Kopf will ist,
dass ich nicht an dich denken will.

Du hast keinen Platz in meinem Leben.
Deine Aufmerksamkeit ist unerwünscht!
Egal, wie viele Textnachrichten du mir schreibst,
egal, wie viele Nachrichten
du auf meinem Anrufbeantworter hinterlässt,
egal, wie viele Blumen du mir schickst,
ich will dich nicht!

Es interessiert dich nicht, wie oft ich dir sage,
dass du mich in Ruhe lassen sollst,
du machst immer weiter und weiter,
fest davon überzeugt,
dass ich irgendwann nachgeben werde.
Du lauerst auf deine Chance.

Und meine größte Angst ist,
dass du sie eines Tages bekommen wirst.
Dass du mich irgendwann so mürbe gemacht hast,
dass ich nachgebe,
nur damit du endlich Ruhe gibst.
Und ich weiß, das wäre mein Untergang.

Lauren Daigle - Love Like This

RENNEN

Dein ganzes Leben lang, bist du schon auf der Flucht.
Vor deiner Vergangenheit,
deiner eventuellen Zukunft,
deiner eigenen Courage,
deinen Träumen.
Immer wenn es schwierig wird,
brichst du die Zelte hinter dir ab
und rennst in die andere Richtung.

Bist du es nie leid?
Hast du schon einmal darüber nachgedacht,
wie dein Leben heute aussehen würde,
wenn du geblieben wärst?
Wenn du dich durchgebissen hättest,
anstatt die Flucht zu ergreifen?
Wenn du auf deinem Weg geblieben wärst,
statt die Richtung zu ändern?

Du rennst und rennst und rennst,
blickst niemals zurück,
schaust nicht nach links und rechts,
sondern immer nur nach vorn.
Wünschst du dir nicht auch manchmal,
einfach mal stehen zu bleiben?
Nicht immer in Bewegung zu bleiben?

Wurzeln zu schlagen und dir etwas aufzubauen?
Ein Leben?
Eine Zukunft?
Eine Familie?

Wirst du nie müde?
Ich stelle es mir anstrengend vor, immer nur zu rennen.
Und die ganze Zeit frage ich mich,
wann wirst du vor mir wegrennen?
Wann kommt ein Konflikt,
dem du dich nicht stellen willst?
Wann ist dir das mit uns zu viel?
Zu viel Nähe,
zu viel Bindung,
zu viel Gedanken an die Zukunft?

Wie soll ich dich an mich heranlassen,
wenn ich doch andauernd davor Angst haben muss,
dass du die Flucht ergreifst?
Ich vertraue nicht leicht, weißt du?
Du warst es, der mich unbedingt kennenlernen wollte,
du wolltest eine Rolle in meinem Leben spielen,
aber du bist es auch,
der wegrennt, wenn es ihm zu schwierig wird.

Ich kann dich in gewisser Weise verstehen.
Es ist leicht, die Flucht zu ergreifen,
Konflikten auszuweichen,

Aufzugeben, anstatt zu kämpfen.
Aber wenn du immer nur rennst,
kannst du keinen dauerhaften Platz
in meinem Leben einnehmen.
Konflikte gehören zu einer Beziehung dazu.
Es ist normal sich auch mal zu streiten,
Dinge auszufechten.
Daran wächst man.

Aber du willst nicht wachsen, oder?
Du willst weiterhin dein Leben so leben wie bisher.
Immer bereit zur Flucht,
keine Bindungen,
keine Wurzeln,
die Tasche immer gepackt.

Aber wenn du dich für dieses Leben entscheidest,
muss ich mich für mich selbst entscheiden.
Ich muss auch mich selbst schützen.
Und ich werde mein Herz
nicht für eine Beziehung aufs Spiel setzen,
die keine Zukunft hat,
denn das hat sie nicht,
wenn du lieber wegrennst,
als bei mir zu bleiben.

Wenn du bereit bist mich ebenso zurückzulassen,
wie alles andere.
Ich will nicht bloß ein Gesicht
in deinem Rückspiegel sein.
Und ich will nicht ganz allein die Scherben aufkehren,
sobald du die Flucht ergriffen hast.

SYML – Where's my love (Alternate Version)

ERINNERUNGS*stücke*

Habt ihr Dinge aus eurer Schulzeit aufbewahrt?
Erinnerungsstücke oder dergleichen?
Euer Jahrbuch,
ein Klassenfoto,
das ABI-T-Shirt?

Erinnert ihr euch gern an eure Schulzeit?
Meine Schulzeit war alles andere als schön.
Ich war einsam und hätte beinahe
die Mobber gewinnen lassen.
Trotzdem habe auch ich zwei Dinge behalten.

Warum?
Das liegt an den Dingen selbst.
Das eine ist eine Zeichnung mit meinem Namen,
die mir meine Banknachbarin geschenkt hat,
als ich an mein zweites Gymnasium gewechselt habe.
Sie war so nett wie niemand sonst,
ist aber nur Tage später abgegangen.
Ich habe diese Zeichnung bis heute,
über 17 Jahre später
hängt sie noch immer an meiner Tür.

Um mich daran zu erinnern,
dass ein Mensch nett zu mir war,
ein Mädchen keine Vorurteile hatte
und mich mit einer Zeichnung
willkommen heißen wollte.
Das habe ich ihr nie vergessen.

Das andere Ding, das ich behalten habe,
ist das Jahrbuch aus meinem ABI-Jahr.
Das habe ich wegen der Sätze,
die dort unter mein Foto gedruckt wurden, behalten.
Die Mitschüler wurden befragt,
was sie über einander denken.
Faszinierenderweise stehen unter meinem Foto
sehr nette Dinge
und ich frage mich jedes Mal,
warum mir diese Dinge nie jemand gesagt hat.

Wir haben uns jeden Tag gesehen
und trotzdem hat sich nie einer die Mühe gemacht
diese netten Dinge,
die er oder sie über mich gedacht hat
auch nur ein einziges Mal an mich zu richten.
Nicht einer kam zu mir und sagte mir das,
was letztlich unter meinem Foto gelandet ist.
Warum?

Hattet ihr zu viel Angst, mit mir gesehen zu werden?
Oder ist es einfach leichter, nett zu sein,
wenn es niemand sieht?

Habt ihr das, was da steht überhaupt ernst gemeint?
Oder musstet ihr euch etwas Nettes ausdenken,
damit da zumindest etwas steht?
Egal warum, ich bin einfach froh, diese Worte zu lesen
sie sind für mich der Beweis dafür,
dass es scheinbar auch Menschen an dieser Schule gab,
die mich mochten,
auch wenn sie nicht in der Lage waren,
es mir ins Gesicht zu sagen.

Diese zwei Erinnerungsstücke
hellen meine düstere Schulzeit
zumindest manchmal ein wenig auf.
Wie ist das bei euch?
Habt ihr gute oder schlechte Erinnerungen
an eure Schulzeit?
Habt ihr sie verdrängt oder haltet ihr sie lebendig?
Habt ihr Erinnerungsstücke?
Und bedeuten sie euch so viel, wie mir die meinen?

Agnes Obel - Riverside

DEIN *wahres Ich*

Sag mir, bin ich die Einzige,
die je dein wahres Ich gesehen hat?
Bin ich die Einzige,
bei der du deine Maske abgenommen hast?
Hat außer mir jemals jemand gesehen,
dass du überhaupt eine trägst?

Sag mir, hast du je einem anderen
dein wahres Gesicht gezeigt?
Hättest du es mir gezeigt,
wenn ich dich nicht darauf angesprochen hätte?
Ich frage mich wie es sein kann,
dass so viele behaupten dich zu kennen,
aber noch nie hat einer von ihnen
dein wahres Ich gesehen.
Wie machst du das?
Oder machst du eigentlich gar nichts
und alle anderen
schauen nur einfach nicht genau genug hin?

Alle halten sie dich für aufgeschlossen,
fröhlich und freundlich.
Sie denken du bist einer von ihnen.

Sie haben nie die Dunkelheit in dir gesehen.
Vielleicht liegt es wirklich an mir.
Vielleicht hat die Dunkelheit in mir die deine erkannt.
Auch wenn sie grundverschieden sind.

Meine Dunkelheit besteht aus Schmerz
und dieser Stimme in mir,
Die versucht mir einzureden,
ich sei nicht gut genug.
Deine Dunkelheit besteht aus Wut,
Frust
und dem Verlangen nach Macht und Kontrolle.

Allen anderen präsentierst du dich als umgänglich,
witzig,
harmlos.
Nur mir zeigst du, wie du wirklich bist.
Mir zeigst du,
was du vor ihnen allen verborgen hältst.

Aber warum ausgerechnet ich?
Du willst mich für dich, das ist mir schon klar,
aber solltest du dann nicht gerade vor mir
den netten Kerl spielen?
Oder klappt es einfach nur deswegen nicht,
weil meine Dunkelheit
durch deine Maske hindurchsehen kann?
Weißt du überhaupt, dass ich sehe, wer du wirklich bist?

Ist dir bewusst, dass ich deine Blicke
auf meiner Haut spüre,
wenn du glaubst ich achte nicht auf dich?
Ist dir klar, dass ich in deinen Augen
nicht nur Interesse,
sondern vor allem Gier sehen kann?
Ich weiß, dass dein Lachen falsch ist.
Ich spüre, wie der Griff deiner Hand
immer eine Spur zu fest ist.
Und ich weiß auch wieso.

Dein ganzes Leben ist eine Lüge.
Du spielst allen in deinem Umfeld etwas vor.
Du trägst eine Maske und versuchst alles,
als einer von ihnen durchzugehen.
Warum?
Nur damit jeder,
dem ich von meinen Beobachtungen erzähle sagt,
„Nein, also der würde das niemals tun?"

Sie sehen nicht, was ich sehe.
Sie sehen die Maske nicht.
Und sie sehen vor allem nicht,
wenn sie verrutscht.
Sie sehen nicht,
wie deine Wut immer wieder an die Oberfläche drängt.
Sie sehen nicht,
wie du mich manchmal ansiehst.

Wie lange
wirst du noch mit diesem Spiel durchkommen?
Sag es mir!
Hast du je vor es aufzugeben?

Spüren sie nicht,
dass etwas mit dir nicht stimmt?
Haben sie keine Gänsehaut,
wann immer dein Blick auf sie fällt?
Warum sehen sie nicht, wer du wirklich bist?
Oder wollen sie ganz einfach nur das sehen,
was sie sehen wollen?
Ziehen sie es vor,
dich als einen der ihren zu sehen,
Anstatt sich einzugestehen,
dass es Monster wirklich gibt?
Und dass diese Monster manchmal aussehen wie sie?

Du willst mich.
Aber ich sehe dich.
Ich frage mich,
wer am Ende seinen Willen bekommen wird.
Bin ich die Beute, oder die Jägerin?
Werde ich es schaffen, dir deine Maske
vor allen anderen herunterzureißen,
oder werde ich scheitern und rennen,
fliehen,
bis ich irgendwann nicht mehr länger flüchten kann

Und du bekommst, was du schon so lange willst:
Mich.
Für immer.
In deinem Besitz.

Emma Heesters & Mike Attinger - Lean on

Feist - Graveyard

DIE

Du bist hässlich.
Du bist fett.
Du bist eklig.
Du hast hier nichts zu suchen.
Du gehörst hier nicht hin.
Du wirst nie dazugehören.
Du bist nicht gut genug.
Du solltest der Welt einen Gefallen tun,
und für immer verschwinden.

Weißt du, was es mit einem Menschen macht,
Worte wie diese jeden Tag zu hören?
Am Anfang erschrecken sie dich.
Du glaubst dich verhört zu haben.
Vielleicht schaffst du es dieses eine Mal noch,
es abzuhaken.
Aber was ist beim zweiten Mal?
Beim dritten und vierten und fünften?

Es geht schnell, weißt du?
Dass diese Worte sich in deine Seele bohren.
Sie krallen sich fest und lassen sich irgendwann
einfach nicht mehr abschütteln.
Du versuchst dich klein zu machen.
Unsichtbar zu werden.

Du vermeidest Augenkontakt,
gehst extra Umwege,
um möglichst wenig Leuten zu begegnen.
Aber es hilft nicht, im Gegenteil,
es macht alles nur noch schlimmer.

Durch diese kleinen Dinge zeigst du,
wie verwundbar du bist.
Dass dich ihre Worte getroffen haben.
Manchmal glaube ich,
Mobber sind wie Haie,
wenn sie Blut wittern,
kommen sie in ganzen Schwärmen,
sie reißen immer weiter an ihrem Opfer,
bis nichts mehr von ihm übrig ist.

Und irgendwann kommt dieser Punkt.
Wenn die Mobber überall zu sein scheinen,
wenn es sich anfühlt,
als wärest du nirgendwo vor ihnen sicher.
Und du fängst an zu denken, dass sie recht haben.
Dass du wirklich hässlich, fett und eklig bist,
dass du hier nichts zu suchen hast,
dass du nicht dazugehörst
und auch nie dazugehören wirst,
dass du nicht gut genug bist, egal wofür,
und dass es vielleicht wirklich besser wäre
zu verschwinden.

Sie haben unrecht, weißt du?
Egal, wie oft sie dir diese Worte gesagt
oder geschrieben haben,
egal, wie oft sie dich geschlagen
oder angespuckt haben,
egal, wie oft sie dich gedemütigt
und dir das Gefühl gegeben haben,
du wärst ganz allein auf der Welt.
Sie haben unrecht.
Es gibt so viele von uns.
Zu viele.

So viele junge Menschen,
aber auch Erwachsene,
die zu Opfern gemacht werden.
Ich weiß nicht, was in Mobbern vorgeht.
Ich weiß nicht, warum sie es ausgerechnet auf dich
oder mich abgesehen haben.
Ich weiß nicht, wieso sie nicht einfach aufhören.
Versuchen sie, ihren eigenen Schmerz zu betäuben,
indem sie uns weh tun?
Oder fühlen sie sich selbst so unzulänglich,
dass sie sich nur wichtig und überlegen fühlen können,
wenn sie uns fertig machen?
Ich weiß es nicht,
vielleicht wissen sie es selbst nicht einmal.

Aber das ist letztlich auch egal.
Wichtig ist, dass du dir klar machst,
dass du eben nicht allein bist.
Es gibt hunderte von uns,
vielleicht tausende.
Es ist eine tragische Zahl, seien wir ehrlich,
niemand sollte das durchmachen müssen.
Aber bis wir einen Weg gefunden haben,
den Mobbern das Handwerk zu legen,
müssen wir eben zusammenhalten.

Ich weiß, auf dem Schulhof,
in der Uni,
im Büro,
oder wo auch immer
stehst du ihnen allein gegenüber,
aber wir stehen hinter dir.
Du kannst uns nicht sehen, aber wir sind da.
Du bist nicht allein.
Wir haben überlebt und das wirst du auch.
Lass sie nicht gewinnen!
Irgendwann ist es vorbei.

Du wirst die Wunden dein Leben lang
mit dir herumtragen.
Das ist nicht das, was du hören willst, ich weiß,
aber es ist die Wahrheit.
Doch das hat auch etwas Gutes.

Mich hat es stärker gemacht.
Ich habe überlebt.
Ich habe sogar etwas dadurch gewonnen,
was ich sonst nie bekommen hätte:
Meine Worte.
Wer weiß,
vielleicht erwächst bei dir aus dem Schmerz
auch etwas Gutes?

Vielleicht machst du daraus auch Worte,
vielleicht schreibst du einen Roman,
vielleicht schreibst du Songs,
vielleicht wirst du Künstler,
vielleicht nichts davon,
aber so wie du die Wunden mit dir herumtragen wirst,
wirst du auch die Stärke tragen zu wissen,
dass du alles überleben kannst.

Du bist NICHT hässlich.
Du bist NICHT fett.
Du bist NICHT eklig.
Du hast ein Recht darauf hier zu sein.
Du gehörst hier her.
Du wirst vielleicht nie dazugehören,
Aber das heißt nicht,
dass du nie jemanden finden wirst,
der zu dir gehört.

Du BIST gut genug.
Du solltest der Welt einen Gefallen tun,
und die Mobber nicht gewinnen lassen.

The Revivalists – It was a sin

Christina Perri – Human

MENSCHLICH*keit*

Menschlichkeit.
Dieses Wort wird so oft in so vielen
verschiedenen Zusammenhängen bemüht,
Aber was bedeutet es?
Eigentlich bezeichnet es nur „das Dasein als Mensch",
doch für uns bedeutet es so viel mehr.

Wir appellieren an die Menschlichkeit,
wenn jemand etwas tun, oder nicht tun soll,
vor allem dann, wenn es unseren Werten entgegensteht.
Menschlichkeit bedeutet für uns vor allem eins:
Mitgefühl.

Der Mensch ist ein Wesen,
das zu großem Mitgefühl fähig ist.
Dennoch gibt es genug unter uns,
die eben dieses Gefühl nicht kennen,
oder nur eingeschränkt gelten lassen.
Sie haben Mitgefühl mit den Menschen,
die so sind wie sie.

Sie unterscheiden zwischen „wertvollen"
und „wertlosen" Menschen.
Und allein diese Unterscheidung macht mich krank.

Nur weil jemand sich von ihnen unterscheidet,
Soll er auf einmal wertlos sein?
Warum?
Nur weil er nicht in unseren Wohlstand
hineingeboren wurde?
Nur weil er eine andere Hautfarbe hat?
Nur weil er sich ein besseres Leben erhofft?
Nur weil ein anderes Glaubenssystem hat als sie?
Eine andere Religion?

Ich denke diejenigen unter uns,
die kein Mitgefühl mit diesen Menschen haben sind es,
die wertlos sind.
Diejenigen, die ihre Menschlichkeit eingebüßt haben,
die sie geopfert haben auf dem Altar des Hasses.

Wieso fällt es so vielen Menschen so leicht
andere zu hassen,
bloß, weil sie sich von ihnen unterscheiden?
Warum fällt es ihnen so leicht,
die Behauptungen anderer
über diese Gruppen zu glauben?
Wieso nehmen sie sie für bare Münze?

Sind diese Behauptungen,
die sich viel zu oft als Lügen herausstellen,
die Flamme,
die das Feuer des Hasses entzündet?
Oder sind sie einfach eine willkommene Ausrede?
Etwas, das vorgebracht werden kann,
als Begründung für den Hass,
um nicht zugeben zu müssen,
dass es wirklich Hass ist, der diese Menschen antreibt
und nicht „Besorgnis".

Menschlichkeit ist das, was uns zu Menschen macht.
Mitgefühl ist der zentrale Punkt der Menschlichkeit.
Unser Mitgefühl macht uns zu Menschen.
Ohne Mitgefühl sind wir nichts.

The BossHoss (feat. Mimi & Josy) – Little Help

ANGST

Wie gehst du mit Angst um?
Lähmt sie dich oder läufst du vor ihr weg?
Versuchst du dich zu verstecken
oder verleiht sie dir Flügel?

Wovor hast du überhaupt Angst?
Sind es alltägliche Dinge,
wie Spinnen oder Clowns?
Oder persönliche Ängste?

Hast du Angst vor der Zukunft?
Davor zu versagen?
Hast du Angst nicht gut genug zu sein?
Nicht hübsch genug,
einfach nicht den Erwartungen zu entsprechen?

Hast du Angst vor einer Krankheit?
Hast du Angst um dich selbst,
oder jemanden der dir nahesteht?
Hast du Angst,
alles auf eine Karte zu setzen
und zu verlieren?
Hast du Angst, einen Fehler zu machen?

Hast du Angst vor deinem eigenen Mut?
Hast du Angst vor deinen Wünschen?
Vor deinen Träumen?
Hast du Angst, nicht der Mensch zu sein,
der du gern sein würdest?

Hast du auch manchmal das Gefühl
in deinen Ängsten zu ersticken?
Dass es einfach zu viele sind?
Kommt es dir auch manchmal so vor,
als würdest du an all diesen Erwartungen zerbrechen?

Wenn die Gedanken immer schneller und schneller
durch deinen Kopf jagen,
und diese Stimme dir deine Ängste vorbetet
und die Liste niemals aufzuhören scheint.
Du möchtest, dass dieses Karussell stoppt,
aber es dreht sich weiter
und dreht sich
und dreht sich.

Ich kenne dieses Gefühl.
Ich habe mir selbst so einen Druck gemacht
perfekt zu sein,
immer die richtigen Entscheidungen zu treffen,
immer allen Erwartungen gerecht zu werden,
bis es irgendwann einfach nur noch zu viel war.

Ich konnte nicht mehr.
Ich musste etwas ändern.
Also habe ich genau das gemacht,
was mir am meisten Angst macht:
Ich bin gesprungen.

Ich habe nicht lange darüber nachgedacht.
Ich habe nicht alle Eventualitäten geprüft.
Ich habe nicht alles zu Tode recherchiert.
Ich wusste, der einzige Weg,
dem Karussell zu entkommen war zu springen.
Ohne Fallschirm,
ohne doppelten Boden,
ohne Sicherheitsnetz.

Der Druck, den wir uns selber machen,
ist der schlimmste.
Die Erwartungen anderer an uns selbst,
sind niemals so hoch wie unsere eigenen.
Wir sind es auch,
die uns unsere Fehler nicht verzeihen können.
Aber genau das schürt diese Ängste.
Die Angst zu versagen,
die Angst nicht gut genug zu sein,
die Angst zu enttäuschen.
Aber je mehr Angst wir davor haben,
desto schlimmer wird es.

Manchmal müssen wir uns unseren Ängsten stellen.
Einfach ins kalte Wasser springen
und das Versagen in Kauf nehmen,
in der Hoffnung
am Ende alles richtig gemacht zu haben.
Du weißt nie, wohin dich dein Weg am Ende führt.
Und vielleicht ist ja vom Karussell abzuspringen
die beste Entscheidung deines Lebens?

Stell dich deiner Angst.
Sieh ihr ins Gesicht.
Und lass sie dich nicht beherrschen.
Wenn mal etwas schief geht, dann geht es eben schief.
Ärgere dich ein paar Minuten darüber
und dann hake es ab.
Wenn du einen Fehler machst,
dann geht davon die Welt nicht unter,
und wenn doch, dann ist wenigstens keiner mehr da,
der dir Vorwürfe machen kann.
Wenn du deine eigenen Erwartungen
oder die von anderen enttäuscht,
dann wird es immer eine neue Gelegenheit geben
zu glänzen.

Spring ins kalte Wasser.
Zeig der Angst,
dass sie dich nicht für immer
auf dem Karussell gefangen halten kann.

Vielleicht wirst du nass,
vielleicht landest du aber auch auf einer Sandbank,
die du vorher nicht gesehen hast.
Du weißt nie was kommt.
Aber wenn du dich von der Angst beherrschen lässt,
wirst du diesem Teufelskreis niemals entkommen.
Hab keine Angst vor deinem eigenen Mut.
Vertraue auch mal deinem Bauchgefühl
und spring,
spring in ein neues Leben
ohne, dass die Angst jeden Schritt diktiert.

Coldplay – Fix you

WAS *wäre, wenn?*

Was wäre, wenn.
Drei kleine Wörter
Die aber so eine unglaubliche Macht
über uns haben können.

Was wäre, wenn ich dieses oder jenes getan hätte?
Was wäre, wenn ich es nicht getan hätte?
Was wäre, wenn ich diese eine Entscheidung
anders getroffen hätte?

Hast du auch solche Wendepunkte in deinem Leben?
Momente, in denen du eine Entscheidung
getroffen hast,
die dein ganzes Leben verändert hat?
Eine Entscheidung,
nach der nichts mehr war wie zuvor,
die das Leben in „davor" und „danach" eingeteilt hat?

Ich denke wir alle kennen solche Momente.
Nicht immer erkennen wir sie direkt.
Manche sind offensichtlich,
wie die Entscheidung Ausbildung oder Uni.

Oder für oder gegen eine Ehe.
Schlimmer finde ich sind die,
die man nicht hat kommen sehen.

Die eine Lüge, die du nicht mehr zurücknehmen kannst,
weil sie einfach alles verändert hat.
Die Entscheidung, eine Email nicht zu beantworten,
die eine Lawine auslöst.
Die Beziehung, die wir beenden
und uns noch Jahre später fragen,
ob die Entscheidung richtig war
und wie unser Leben wohl aussähe,
wenn wir uns anders entschieden hätten.
Die Worte, die man einmal gesagt,
nicht mehr zurücknehmen kann.
Das Job-Angebot, das wir annahmen oder ablehnten.
Der Umzug, den wir machten,
oder auf den wir verzichteten.
All diese einzelnen Entscheidungen
können sich am Ende
als ein Wendepunkt herausstellen.

Und jeder Wendepunkt führt irgendwann an den Punkt,
an dem wir allein in unserer Wohnung sitzen
und uns diese drei kleinen Worte
nicht mehr aus dem Kopf gehen:
Was wäre, wenn?

Ja, was wäre, wenn?
Gibt es Entscheidungen,
die du gern rückgängig machen würdest?
Denkst du, sie würden so eine große Auswirkung
auf dein Leben haben?
Würden sie einen Unterschied machen?
Denkst du, etwas würde besser?
Oder würdest du dein Leben so lassen, wie es ist?

Was ist es, dass du bereust?
Ist es eine bestimmte Entscheidung,
oder mehrere?
Wie viele „was wäre, wenn"s gibt es in deinem Leben?
Denkst du, es ist gut,
sich mit ihnen auseinanderzusetzen?
Oder denkst du es schadet mehr, als dass es nützt?
Was würdest du ändern wollen, wenn du könntest?
Und würdest du es wirklich tun,
wenn du die Möglichkeit dazu hättest?

Coldplay - Fix you

TUT *mir leid*

Tut mir leid.
Hast du eine Ahnung, wie oft wir diese Worte sagen?
Irgendwie scheinen wir zu glauben,
dass alles wieder gut wird,
alles vergeben und vergessen ist,
wenn wir nur diese drei kleinen Worte
über die Lippen bringen.

Denkst du das ist wirklich so?
Denkst du, diese drei Worte machen alles wieder gut?
Können sie eine Tat zurücknehmen?
Nehmen sie den Schmerz?
Können sie Worte ungesagt machen?

Von klein auf werden wir dazu angehalten,
uns zu entschuldigen,
Aber wie oft sagen wir diese Worte, ohne zu meinen?
Und seien wir mal ehrlich,
wie oft hat man diese Worte schon zu uns gesagt?
Haben wir dem anderen danach vergeben?
Oder haben wir nur so getan?
Weil man das doch so macht,
wenn man sich entschuldigt.

Man sagt diese drei Worte und erwartet,
dass danach alles wieder so ist wie vorher.
Dass der andere so etwas sagt, wie „ist okay"
oder so ähnlich.
Wir haken es ab,
leben weiter,
und erwarten, dass es auch der andere tut,
wenn es uns überhaupt interessiert.
Aber es gibt Dinge, die sind nicht okay,
nur weil der andere „tut mir leid" sagt.

Ich weiß nicht,
vielleicht bin ich auch einfach nur zu nachtragend.
Vielleicht unterstelle ich dem anderen,
diese Worte nicht ernst zu meinen.
Vielleicht tue ich ihm damit unrecht.
Aber vielleicht habe ich diese Worte
auch einfach schon zu oft gehört.

Zu oft wurde mein Herz in Fetzen gerissen
Und während ich verzweifelt versucht habe,
die Stücke zusammenzuhalten,
warf mir mein Gegenüber
ein „tut mir leid" vor die Füße.
Was soll ich da sagen?
Es ist okay, dass du mir weh tust,
solange du danach nur diese drei Worte sagst?
Es ist okay, dass du mein Herz in Fetzen reißt,

solange du behauptest es tue dir leid?
Das kann ich nicht.

Zu oft habe ich versucht,
meinen Schmerz in mir einzusperren,
habe ihn umwickelt mit den vielen „tut mir leid"s,
aber gebracht hat es mir nichts.
Davon ist der Schmerz nicht weniger geworden.
Diese Worte haben eben nicht alles wieder gut gemacht.

Zu lange habe ich so getan, als wäre alles gut.
Ich habe mitgespielt,
die Entschuldigung akzeptiert
und versucht zu vergessen.
Aber das kann ich nicht mehr.
Zu oft waren die Worte nicht ernst gemeint.
Heute ein „tut mir leid"
und morgen direkt der nächste Stich ins Herz.
Schieb dir dein „tut mir leid" sonst wohin.

Ich erwarte nicht mehr von dir, dass du es ernst meinst.
Ich erwarte nicht mehr,
dass diese drei kleinen Worte etwas verändern.
Ich tue es mit nicht mehr an, so zu tun,
als ob ich sie dir glauben würde.
Ich kann dir nicht einfach so vergeben.
Und es bringt mich um, immer wieder so zu tun,
als würde ich es tun.

Und so sitze ich hier
und klebe mein gebrochenes Herz
Stück für Stück wieder zusammen,
ohne deine „tut mir leid"s, die eh nicht gehalten haben.
Ich klebe es jetzt mit etwas anderem,
mit der Liebe, die mir andere schenken,
wenn du es doch nicht kannst.
Ich warte nicht länger darauf, dass du es ernst meinst.
Ich gebe auf.
Ich gebe dich auf.
Dich und deine „tut mir leid"s.

Paolo Buonvino & Skin - Renaissance

Wincent Weiss - Right Now

HAUT, *Fleisch und Knochen*

Im Grunde sind wir alle gleich.
Wir alle bestehen aus Haut, Fleisch und Knochen.
Warum ist es dann so wichtig,
welche Farbe diese Haut hat?
Welche Form dieses Fleisch?

Wenn wir doch alle gleich sind,
warum sind uns diese Unterscheidungen so wichtig?
Warum hängt unsere Sympathie für einen Menschen,
wenn wir ihn das erste Mal sehen,
von diesen Äußerlichkeiten ab?

Attraktive Menschen sind angeblich
erfolgreicher im Leben.
Es heißt sie seien im Vorteil bei Beförderungen
und Bewerbungsgesprächen.
Denkst du das ist wirklich so?
Denkst du ein attraktiver Mensch wird bevorzugt?
Manchmal frage ich mich,
wie mein Leben wohl verlaufen wäre,
wenn ich in diese Kategorie gefallen wäre.

Irgendjemand hat mal bei so einer Dating-Show
im Fernsehen gesagt,
er wünsche sich eine Frau
mit dem Aussehen eines Models
und dem Charakter einer „Dicken".
Ich frage mich,
ob da nicht etwas Wahres dran ist.
Denkst du Menschen,
die nicht dem gängigen Schönheitsideal entsprechen
sind empathischer?
Ich könnte es mir schon vorstellen,
Immerhin haben sie sich oft genug selbst
Anfeindungen und Vorurteilen gegenübergesehen.
Oder denkst du, diese Menschen sind noch schlimmer?
Dass sie ihr Ego, ihre verletzte Seele füttern,
indem sie über andere herziehen,
und sich ihnen so überlegen fühlen.

Ich frage mich, warum wir uns immer noch
mit diesen Dingen aufhalten.
Es wurden Kriege geführt,
Millionen Menschen sind im Verlauf der Geschichte
dafür gestorben,
für die Erkenntnis, dass wir alle gleich sind.
Denn das sind wir.

Aber noch immer lässt uns das nicht los.
Noch immer werden Unterschiede betont
und Menschen angefeindet und verletzt,
die nicht dem jeweiligen Ideal entsprechen.
Haben wir wirklich nichts dazugelernt?

Im Grunde sind wir alle gleich.
Wir alle bestehen aus Haut, Fleisch und Knochen.
Warum ist es dann so wichtig,
welche Farbe diese Haut hat?
Welche Form dieses Fleisch?

Milow – One more song

NEIN *sagen*

Kannst du gut „nein sagen"?
Ich bin schrecklich darin.
Wenn mich jemand um etwas bittet,
kann ich nicht einfach nein sagen.
Selbst wenn ich gerade absolut keine Zeit habe,
ich mache es irgendwie möglich,
stresse mich total,
schlafe extra weniger,
um diese Zeit wieder reinzuholen.

Ich will es immer allen recht machen.
Ich will, dass alle in meinem Umfeld glücklich
und zufrieden sind.
Ich will immer helfen,
Ich will ihnen eine Stütze sein.
Aber immer wieder vergesse ich dabei,
dass ich auch wichtig bin.

Ich habe Jahre dafür gebraucht,
um zu erkennen,
dass ich „wichtig" bin,
dass ich ein Recht darauf habe,
mein Leben zu leben,

Über meine eigene Zeit zu verfügen
und auch mal „nein" zu sagen.

Aber obwohl mir das mittlerweile klar ist,
schaffe ich es oft einfach nicht.
Ich kann nicht nein sagen,
wenn mich jemand um Hilfe bittet.
Ich setze lieber alle Hebel in Bewegung,
um es irgendwie hinzukriegen.
Ich habe immer das Gefühl,
den anderen im Stich zu lassen,
wenn ich nein sage,
und ich hasse das Gefühl.

An manchen Tagen weiß ich nicht,
wie ich das alles schaffen soll.
Der Tag müsste eigentlich 48 Stunden haben,
oder mehr,
aber die hat er nicht und ich muss sehen,
wie ich trotzdem zurechtkomme.
Ich weiß, ich müsste öfter nein sagen.
Ich müsste dieses schlechte Gewissen
zum Verstummen bringen,
weil es unrecht hat.
Ich kann nun mal nicht jedem helfen
und auch nicht die ganze Zeit.
Aber es ist so schwer.

Kannst du gut nein sagen?
Bringst du es mir bei?
Ich wünschte, ich wäre besser darin.
Ich will es versuchen,
aber noch schwerer, als nein zu sagen,
ist mit dem Gefühl zu leben,
den anderen enttäuscht zu haben.
Mich selbst über die andere Person gestellt zu haben.
Das liegt nicht in meiner Natur.
Es widerspricht meinem Instinkt.

Aber ich kann so einfach nicht mehr weitermachen.
Ich muss lernen nein zu sagen.
Ich habe keine andere Wahl.
Entweder ich lerne es, oder ich gehe unter.
Also: nein.
Nein, ich kann dir heute nicht helfen.
Nein, ich habe heute keine Zeit.
Nein.

Stanfour - Learning to breathe

SOCIAL *Media*

Wie geht es dir mit Social Media?
Für mich hat sich dadurch
eine vollkommen neue Welt eröffnet.
Aber auch diese Welt hat Schattenseiten, weißt du?

Irgendwie macht man sich sehr schnell abhängig
von den Menschen,
die man dort kennenlernt, findest du nicht?
Bekommt man viele Nachrichten und Mitteilungen,
Fühlt man sich davon schnell überwältigt.
Bekommt man aber keine,
fühlt man sich von der Welt vergessen.

Folgen einem immer mehr und mehr Menschen
fühlt man sich gut,
man hat etwas „geschafft", etwas „erreicht".
Man hat „Freunde".
Entfolgen einem aber mehrere Leute auf einmal,
fragt man sich direkt, was man „falsch" gemacht hat.
Das geht so schnell.
Diese Gedanken und Gefühle sind so plötzlich da,
sie kommen einfach aus dem Nichts.

Und plötzlich sieht man nur noch,
was andere besser machen,
wie viel schöner ihre Fotos sind,
wie viel besser ihre Beiträge,
wie viele Follower oder Abonnenten sie mehr haben.
Bei anderen sieht es so leicht aus,
dass man das Gefühl bekommt,
man selber stelle sich einfach bloß blöd an.

Für einen selbst ist es nicht einfach.
Das „perfekte" Foto zu schießen,
den „perfekten" Beitrag zu formulieren.
Man setzt sich unter Druck
und sieht gleichzeitig bei anderen,
was sie so posten und denkt man sei schlechter als sie.

Das Problem an der Sache ist aber,
dass jeder auf Social Media Seiten versucht,
ausschließlich Perfektion zu zeigen.
Man zeigt das eine Foto, das gelungen ist,
sei es durch einen Glückstreffer oder Talent,
oder durch stundenlanges Bearbeiten.
Man zeigt nicht die vielen Fotos,
die nichts geworden sind.

Man sitzt vielleicht ewig lang an einem Beitrag,
aber woher soll das jemand wissen?
Die Abonnenten und Follower sehen das Foto
und den Beitrag,
aber sie sehen nicht die Arbeit dahinter.
Wie denn auch?
Es redet ja niemand darüber.

Man setzt sich so unter Druck und vergisst dabei,
warum man überhaupt
diese Social Media Seiten besitzt.
Es geht nicht darum, immer perfekt zu sein,
besser als alle anderen.
Es geht darum Gleichgesinnte kennenzulernen,
Kontakte zu knüpfen
und vielleicht sogar Freunde zu finden.
Social Media sollte eine Freude sein,
kein Stressfaktor.

Und so habe ich für mich beschlossen,
dass es einfach so ist, wie es ist.
Wenn ich viele Nachrichten bekomme,
arbeite ich sie eben eine nach der anderen ab,
wann immer ich Zeit und Lust habe.
Wenn ich keine Nachrichten bekomme,
habe ich eben mehr Zeit zu stöbern
und neue Profile zu entdecken.

Und wenn ein Foto nicht gelingt,
dann gelingt es eben nicht.
Wenn mir deswegen jemand nicht mehr folgen will,
ist das kein Weltuntergang.
Ich bin eben nicht perfekt
und meine Fotos sind es auch nicht.

Wenn dir jemand entfolgt heißt das nicht,
dass er oder sie dich hasst.
Wer weiß, was er oder sie für Gründe hat.
Und wenn deine Fotos nicht so aussehen,
wie die der anderen,
vielleicht ist das ja etwas Gutes?
Es macht dich zu etwas Besonderem.
Versuche dich nicht zu sehr
von Social Media beherrschen zu lassen.
Es ist eine wunderbare neue Welt,
aber nicht die Einzige, die zählt.

Hozier – Arsonists Lullaby

REGEN

Der Regen klopft gegen mein Fenster,
ein konstantes Trommeln,
immer und immer wieder
und ich frage mich,
was wohl passieren würde,
wenn ich mich einfach in den Regen stellen würde.

Denkst du, er wäscht den ganzen Schmerz einfach weg?
Denkst du, er hat die Macht mich davon zu befreien?
Würden einfach all der Schmerz,
das Blut und die Tränen im Abfluss verschwinden?

Glaubst du, ich würde mich dann besser fühlen?
Oder würde das in mir drin nichts ändern?
Ich starre aus dem Fenster,
lausche dem Regen
und wünsche mir, dass er die Macht hat,
mich von all dem zu reinigen.
Es einfach fort zu waschen.

Das wäre wunderbar, denkst du nicht?
Dem Schmerz, dem Blut
und den Tränen einfach dabei zuzusehen,
wie sie im Abfluss verschwinden
und befreit zu werden.

Wie fühlt es sich an, ohne den Schmerz zu leben?
Manchmal weiß ich gar nicht mehr, wie das war.
Er ist schon so lange ein Teil von mir.
Ich wünschte, es wäre so einfach.
Ich wünschte, ich müsste mich nur in den Regen stellen
und danach wäre alles wieder gut.
Was für eine schöne Vorstellung.
Ich wünschte, sie wäre wahr.

London Grammar – Wasting my young years

ZWEI *Tode*

Ich weiß nicht, was schlimmer ist.
Jemanden plötzlich zu verlieren
oder längere Zeit zu wissen,
dass es passieren wird.
Es ist immer schlimm,
von jemandem Abschied zu nehmen.
Es tut weh
und man kann sich das Leben
irgendwie nicht mehr
ohne diese Person vorstellen.
Aber wir haben keine Wahl.

Was ist schlimmer?
Ein plötzlicher Todesfall voll ungesagter Worte
und ungetaner Taten?
Oder ein langsames Verschwinden,
vielleicht begleitet von Schmerzen?
Ich habe beides erlebt.

Auf mich wirkt ersteres
für den Betroffenen leichter.
Er hat keine Schmerzen, keine Angst,
es geht einfach schnell.

Andererseits, was,
wenn derjenige noch unbedingt
irgendetwas wichtiges tun wollte?
Was, wenn er sich noch bei jemandem
entschuldigen wollte?
Oder jemandem sagen wollte,
dass er ihn oder sie liebt?
Wenn wir wissen, dass das Ende kommt,
versuchen wir alles zu regeln.
Wir wollen, dass alle wissen,
was wir für sie empfinden,
dass sie uns fehlen werden.
Wenn wir wissen,
dass wir nicht mehr viel Zeit haben,
ist es leichter über unseren Schatten zu springen.

Aber ist es wirklich besser,
wenn es längere Zeit andauert?
Vielleicht wäre der ein oder andere bereit
die Schmerzen auf sich zu nehmen,
für die Gelegenheit sich zu verabschieden,
ungesagte Worte zu sagen
und Dinge zu tun,
die man schon viel zu lange tun wollte,
es aber nie getan hat.
Aber will man wirklich,
dass einem die Lieben beim Leiden zusehen?

Ich habe beides erlebt.
Den plötzlichen, schnellen Tod
und den langsamen schmerzhaften.
Ich weiß nicht, welcher besser ist.
Ich weiß nicht,
welche der beiden am Ende glücklicher war.

Es war ein Schock
plötzlich einen Anruf zu bekommen und zu wissen,
dass man die Person nie wieder sehen würde,
Aber sie hat nicht gelitten.
Für mich war es schlimmer,
der anderen Person beim Leiden zuzusehen.
Und sie hat gelitten.
Aber sie konnte auch noch vieles sagen,
vieles erklären
und damit Frieden schenken.

Ich weiß nicht, was besser ist.
Ich weiß nicht, ob der jeweilige Tod
dem anderen vorzuziehen wäre.
Ich weiß nicht, ob es für den Betroffenen
und die Familie leichter ist,
wenn es schnell geht.
Ich weiß nicht, ob es besser ist,
wenn man vorher alles regeln kann,
vielleicht wiegt die Möglichkeit sich zu verabschieden
und die Hand des anderen zu halten alles wieder auf.

Manche Menschen tun sich leicht beim Sterben,
sie nehmen den Tod an,
kämpfen nicht gegen ihn,
begrüßen ihn beinahe wie einen Freund.
Für sie bedeutet er Erleichterung
und das Ende der Schmerzen.
Andere tun sich schwer damit loszulassen.
Sie kämpfen
und manche von ihnen
brauchen die Erlaubnis zu gehen.
Sie müssen wissen, dass wir zurechtkommen.

Ich weiß nicht, welcher Tod der bessere,
der gnädigere ist.
Ich weiß nur eins:
Es ist so wie so schwer
einen geliebten Menschen zu verlieren.
Ich wünsche es niemandem.
Aber ich weiß, dass man es nicht verhindern kann.

James Blunt - Monsters

Iron & Wine - Each coming night

FLIEG *und Tanz*

Dich gehen zu lassen war das Schwerste,
das ich jemals tun musste.
Aber ich hatte keine andere Wahl.
Du wolltest die Welt sehen,
immer höher und höher fliegen,
an Orte, an die ich dir niemals hätte folgen können.
Ich wollte dich nicht zwingen am Boden zu bleiben.
Du bist so schön, wenn du fliegst.

Du hattest so viele Träume,
Wolltest so viel sehen.
Du wolltest tanzen,
Aber nicht Zuhause,
sondern überall auf der Welt.
Du wolltest die Clubs unsicher machen,
deine Jugend genießen.
Ich wollte das nie.
Aber was ich noch viel weniger wollte,
war der Bremsklotz zu sein,
der dir all das verwehrt.

Konfuzius hat einmal gesagt:
Was du liebst, lass frei.
Kommt es zurück, gehört es dir – für immer!
Ich denke mit der Liebe ist das genauso.
Ich weiß, dass du der Eine für mich bist,
der Mann meines Lebens,
aber ich weiß auch,
dass das mit uns gerade nicht funktionieren kann.

Du willst fliegen und ich will bleiben.
Du willst die Welt sehen
und mir reicht unser Zuhause.
Also lasse ich dich frei.
Ich gebe dich auf, damit du fliegen kannst.
Und wenn du wirklich zu mir zurückkommst hoffe ich,
dass du für immer bleibst.

Ich will nicht, dass du irgendetwas bereust.
Ich will nicht, dass du mich eines Tages dafür hasst,
weil du deine Träume für mich aufgegeben hast.
Ich will nicht der Grund dafür sein,
dass du unglücklich bist.

Also flieg und flieg und flieg.
Schau dir die Welt an.
Flieg höher hinauf,
als du es dir jemals hast träumen lassen.
Genieße dein Leben, deine Jugend.

Und wenn sich unsere Wege
eines Tages erneut kreuzen hoffe ich,
dass unsere Gefühle noch so stark sind
wie am ersten Tag.

Ich wünsche mir,
dass du eines Tages an meiner Seite glücklich wirst.
Dass dir die Ruhe
einmal keine Angst mehr machen wird,
dass es dir irgendwann reicht
mit mir in unserem Wohnzimmer zu tanzen.
Dass mich im Arm zu halten dich erdet
und sich nicht wie Fesseln anfühlen wird.
Ich möchte keine Last für dich sein.
Ich will diejenige sein,
die deine Wohnung zu einem Zuhause macht,
in das du gern zurückkehrst.

Ich will nicht, dass dir irgendetwas fehlt,
dass du unerfüllte Wünsche hast.
Also lasse ich dich gehen.
Auch wenn sich jeder Schritt,
der dich von mir entfernt anfühlt,
als würde mir gleich das Herz brechen.
Ich will das für dich.
Ich will, dass du fliegst.
Ich will, dass du tanzt.

Und ich hoffe einfach,
dass dich dein Weg
irgendwann zu mir zurückführen wird.
Und bis es so weit ist,
tanze ich mit dir in meinen Träumen.

A Great Big World & Christina Aguilera – Say something

MOMENTE

Kennst du dieses Gefühl,
wenn eine Sache, einfach eine einzelne Sache
dafür sorgt,
dass du in ein unendlich tiefes Loch fällst?
Es kann eine Äußerung von jemandem sein,
verletzende Worte,
die im falschen Moment
scheinbar alle Wunden gleichzeitig aufreißen.

Und dann stehst du da, inmitten einer Menschenmenge.
Und alle leben ihr Leben weiter,
gehen ihrer Wege
und niemand bemerkt,
dass du innerlich verblutest.

Wunden, die niemand sieht, sind die schlimmsten.
Nur weil sie sie nicht sehen denken sie,
sie seien nicht da.
Sie denken du bist ganz,
sie kommen nicht auf die Idee,
dass du zerbrochen bist.

Du stehst inmitten einer Menschenmenge
und ein angewiderter oder abschätziger Blick,
lässt all deine Komplexe an die Oberfläche schnellen.

Du fühlst dich plötzlich doppelt so breit,
extrem unpassend gekleidet,
schäbig,
oder ist deine Nase zu groß?
Deine Brust zu klein?
Oder zu üppig?
Es ist egal, welcher angebliche Makel es ist,
manchmal reicht ein Blick und wir haben das Gefühl,
er ist für jeden so offensichtlich,
als würde er ihn anspringen.
Du würdest dich am liebsten verstecken,
aber das geht nicht.
Du kannst dich nicht einfach unsichtbar machen
und so kann dich ein Blick in die Hölle verbannen.

Wir alle kämpfen mit unseren Dämonen.
Sie lauern in den Schatten und warten auf uns.
Sie warten auf einen schwachen Moment,
eine Unachtsamkeit,
mehr brauchen sie nicht.
Und schon stürzen sie sich wieder auf uns.

Es ist egal, ob wir allein Zuhause sitzen
und uns plötzlich so unbeschreiblich einsam fühlen,
obwohl wir doch eigentlich sonst nie allein sind.
Aber man kann auch von Menschen umgeben sein
und sich trotzdem verlassen fühlen.

Den Dämonen ist es egal, wo wir gerade sind.
Sie stürzen sich auch
in einer belebten Fußgängerzone auf uns.
Und schon fühlen wir uns
als wären wir der einzige Mensch auf der Welt.
Die Spirale dreht sich in unserem Kopf,
wir können die negativen Gedanken nicht aufhalten.
Sie stürmen auf uns ein
und isolieren uns von der Welt um uns herum.
Sie schubsen uns in ein unendlich tiefes Loch
und es fühlt sich an,
als würden wir ihm nie wieder entkommen.

Du stehst inmitten einer Menschenmenge
und bist doch allein.
Es scheint,
als verstünde kein einziger von ihnen deinen Schmerz.
Und du weinst Tränen, die niemand sieht,
während sie ihr Leben weiterleben.

Aber ihnen geht es genauso, weißt du?
Auch sie kämpfen mit ihren Dämonen, das tut jeder.
Und auch sie fühlen sich allein.
Auch sie haben das Gefühl damit ganz allein zu sein.
Sind davon überzeugt,
dass niemand sie jemals verstehen könnte,
dass kein anderer weiß, wie sehr sie leiden,
wie viel Schmerz sie ertragen müssen.

Wir alle kämpfen für uns allein.
Schlagen täglich unsere Schlachten,
immer in der Hoffnung, es sei das letzte Mal.
Aber das ist es nie.
Unsere Dämonen begleiten uns ein Leben lang.
Die Kunst ist es,
trotz all dieser Kämpfe die Schönheit
nicht aus den Augen zu verlieren.

Manchmal frage ich mich,
ob wir nicht besser dran wären,
wenn wir gemeinsam in den Kampf ziehen würden.
Was denkst du?
Meinst du nicht,
wenn wir uns ihnen nicht mehr allein stellen würden,
würden die Dämonen an Schrecken verlieren?

Ich wünschte, ich müsste nicht immer allein kämpfen.
Ich wünschte, ich hätte jemanden an meiner Seite,
der mir dabei hilft.
Jemanden mit der Kraft,
meinen Dämonen die Macht über mich zu nehmen.
Solche Menschen gibt es, weißt du?
Menschen, die dich besser kennen als du dich selbst.
Menschen, die deine Makel nicht stören,
die vielleicht sogar etwas Besonderes,
etwas Gutes darin sehen.

Aber selbst, wenn du sie nicht findest,
das Leben ist den Kampf wert.
Es gibt so viele schöne Momente,
die es wert sind, erlebt zu werden,
die es verdienen, gewürdigt zu werden.
Doch viel zu oft sind wir so damit beschäftigt
vor der Dunkelheit davon zu rennen,
dass wir diese kleinen Momente des Glücks
nicht mehr sehen können.
Dabei sind es doch gerade sie, die uns Kraft geben,
die uns Mut machen,
die uns weiterkämpfen lassen.

Das wünsche ich mir für dich, weißt du?
Die Fähigkeit trotz all der Dunkelheit,
trotz all der Kraft, die dich der Kampf kostet,
diese kleinen Momente zu sehen und zu schätzen.
Das Glück ist vergänglich, das wissen wir alle.
Es gibt kein „und sie lebten glücklich
bis ans Ende ihrer Tage".
Aber wenn das Glück sich zeigt,
sollten wir danach greifen
und es festhalten, solange wir können.
Wir sollten diese Momente im Herzen bewahren,
denn sie sind es,
die die Stücke unserer Seele wieder vereinen.
Sie sind es, die uns heilen können.

Sieh hin.
Sieh hin.
Bitte.
Für mich.

Freya Ridings - You mean the world to me

DER *Kampf*

Manchmal frage ich mich,
ob es nicht besser wäre den Kampf zu beenden.
Ich bin so unbeschreiblich müde.
Ich bin es so leid andauernd zu kämpfen,
den dunklen Gedanken die Stirn zu bieten,
tapfer zu sein,
den Kopf hochzuhalten,
nicht aufzugeben.

Es vergeht kein Tag, an dem ich nicht stark sein muss,
nicht gute Miene zum bösen Spiel machen muss,
dem Drang widerstehen muss,
es ihnen nicht mit gleichen Mitteln heimzuzahlen.
Aber das darf ich nicht.
Ich will nicht so sein wie sie.
Und außerdem ist das nicht meine Rolle in dieser Welt.
Ich bin nicht die „Böse",
ich bin die „Gute".

Ich bin die,
die auch mit den Leuten Mitleid hat,
die ununterbrochen gemein zu mir sind.

Ich bin die,
die jeden tröstet, egal, wer es ist
und was er mir schon alles getan hat.
Ich bin die,
die jedermanns Tränen trocknet.
Ich bin die,
die immer freundlich ist, egal zu wem.
Ich bin die,
die niemals laut wird.
Ich bin die,
die ihren Schmerz niemals nach außen trägt
und der alle ihre Sorgen anvertrauen,
selbst wenn sie normalerweise
ihren Anblick kaum ertragen.

Es heißt, „wie man in den Wald hineinruft,
so schallt es wieder heraus"
Aber ist das wirklich so?
Wenn es so ist,
warum funktioniert es in so vielen Fällen nicht?
Warum schallt so vielen nur Ablehnung
und Hass entgegen,
wenn sie doch nur freundlich sind?
Wenn sie niemandem jemals
so etwas an den Kopf werfen würden?
Warum schallt für sie nicht Freundlichkeit heraus?

Warum sehen so viele in Freundlichkeit eine Schwäche?
Warum werden freundliche Menschen
so oft als Fußabtreter benutzt?
Es ist viel schwerer freundlich zu sein, als gemein
und noch viel schwerer ist es
freundlich zu einem Menschen zu sein,
der einem das Leben zur Hölle macht.

Warum sind es immer die Freundlichen,
die herumgeschubst werden?
Nur weil sie sich nicht wehren?
Nur weil sie still leiden,
anstatt es in die Welt hinauszuschreien?

Haben diese Leute jemals
über die Konsequenzen nachgedacht?
Saßen sie jemals allein im Dunkeln
und haben daran gedacht,
einfach aufzugeben?
Die Segel zu streichen?
Ich habe darüber nachgedacht, mehr als einmal.
Ich habe nicht aufgegeben,
noch nicht.
Und ich hoffe auch, dass ich niemals aufgeben werde.
Aber was ist mit all den anderen da draußen,
denen das Kämpfen noch schwerer fällt als mir?

Ich wünschte,
ich könnte dir in dunkler Nacht die Hand halten.
Bei dir sein,
wenn du dich verlassen fühlst.
Einfach für dich da sein,
wenn du glaubst,
die Dunkelheit nicht mehr ertragen zu können.
Du bist nicht allein.
In Gedanken bin ich bei dir.
Ich stehe dir bei im Kampf.
Ich bin da.
Ich leihe dir meine Kraft,
stütze dich auf mich
und richte den Blick stets nach vorn.
Denn wenn sich etwas zum Positiven verändert,
dann nicht in der Vergangenheit,
sondern in der Zukunft.
Solange zu kämpft bist du nicht gebrochen.
Solange du nicht gebrochen bist, gibt es Hoffnung.
Und solange es Hoffnung gibt,
ist der Kampf noch nicht verloren.

Letts – Matches

MONSTER

Glaubst du an Monster?
Glaubst du sie existieren wirklich?
Lauern sie unterm Bett,
im Schrank
oder in der Dunkelheit?
Hast du als Kind an sie geglaubt?
Glaubst du heute noch an sie?

Ich habe als Kind nie geglaubt,
unter meinem Bett würde ein Monster leben.
Ich habe nie gedacht,
in meinem Schrank lauere etwas auf mich.
Ich hatte nie Angst vor der Dunkelheit,
im Gegenteil,
ich fand sie faszinierend.
Wie anders die Welt doch aussah,
ohne das Licht der Sonne.
Die Sterne glitzerten und der Mond leuchtete
und die Dunkelheit war nie wirklich richtig dunkel.

Heute habe ich Angst vor den Schatten,
weil ich weiß, was darin lauern kann.
Heute lässt mich ein plötzliches Geräusch
in der Nacht zusammenzucken,
ich kann nicht einfach wieder einschlafen,

ich muss das Licht einschalten und wissen,
dass da kein Monster in meinem Zimmer steht.

Es ist etwas anderes, an Monster zu glauben
und zu wissen, dass es sie gibt.
Ich habe nie an sie geglaubt,
aber heute weiß ich, dass es sie gibt.

Glaubst du an Monster?
Glaubst du an Dinge, die in der Dunkelheit lauern?
Und glaubst du daran,
dass du eines dieser Monster sein könntest?

Du sagst, du willst mir keine Angst machen.
Du sagst, du willst nur das Beste für mich.
Du sagst, du willst, dass ich glücklich bin.
Aber ich soll glücklich sein, zu deinen Bedingungen.
Was du unter Glück verstehst,
läuft bei mir unter Albtraum.
Du willst mir beweisen, dass ich dich brauche.
Dass ich dich als Beschützer brauche.
Dabei bist du es, vor dem ich beschützt werden muss.

Du bist mein Monster in der Dunkelheit.
Aber du glaubst ja nicht an Monster.
Das habe ich früher auch nie getan.
Bis ich dir begegnet bin.

James Blunt - Monsters

SIE *sagen*

Sie sagen, ich kann nicht wissen was ich will.
Sie sagen, ich bin zu jung dafür.
Sie sagen, ich weiß nicht was gut für mich ist.
Sie sagen, ich soll aufhören zu träumen.
Sie sagen, mein Kopf schwebt in den Wolken.
Sie sagen, ich muss erwachsen werden.

Ich frage dich, muss ich das wirklich?
Kann ich nicht einfach so bleiben wie ich bin?
Was ist falsch daran zu träumen?
Darauf zu vertrauen,
dass alles schon irgendwie gut werden wird?
Was ist verkehrt daran,
an gute Feen und Wünsche
und Sternschnuppen zu glauben?

Sie sagen, ich sei eine Träumerin.
Sie sagen, mir fehle der Sinn für die Realität.
Sie sagen, für seine Ziele muss man arbeiten.
Sie sagen, ich sähe alles durch eine rosarote Brille.
Sie sagen, ich verschlösse die Augen
vor der Wirklichkeit.

Ich frage dich,
ist es nicht besser sich auf das Schöne zu konzentrieren?
Ist es nicht gesünder positiv zu sein, als negativ?
Denkst du nicht, Optimisten leben länger
und Glücklicher als ihre Gegenstücke?
Und glaub ja nicht,
ich wüsste nichts von den Schattenseiten des Lebens,
bloß, weil ich mich dazu entschlossen habe,
mit einem Lächeln durch die Welt zu gehen.
Vielleicht verschließe ich ja wirklich die Augen
vor der Wirklichkeit.
Aber wenn,
dann nur weil die Wirklichkeit
manchmal zu grausam ist, um sie zu ertragen.
Da ziehe ich es vor ihre genervten Blicke zu sehen
und in den Wolken zu schweben.

Ich bin so erwachsen wie du,
aber das heißt noch lange nicht,
dass ich mich von der Träumerin,
die ich war, verabschieden muss.
Ich kann beides, weißt du?
Mitten im Leben stehen und es genießen.
Es gibt so viele kleine Freuden im Leben,
aber die meisten von uns
machen sich einfach nicht mehr die Mühe,
sie zu sehen oder nach ihnen zu suchen.
So will ich niemals sein.

Ich träume,
hoffe
und wünsche
und gehe mit einem Lächeln durch die Welt.
Und wenn euch das stört, ist das euer Problem.
Ich bin glücklich mit mir und will nicht anders sein.

Ich muss nicht euren Vorstellungen entsprechen,
niemand muss das.
Das Leben ist zu kurz, um es nicht zu genießen.
Und ich will das auf jeden Fall,
es genießen
und zwar jede einzelne Sekunde.

Nicht, weil ich nicht weiß,
wie die Welt auch sein kann,
wie viel Dunkelheit es dort draußen gibt,
sondern, weil ich es weiß.

A Great Big World & Christina Aguilera - Say something

ANDREA BENESCH

DARK
Rose

GEDANKEN, GEFÜHLE,
GEDICHTE

Für alle, die nicht genug von Andrea Beneschs
Gedichten bekommen können:

DARK ROSE – Gedanken, Gefühle, Gedichte
Andrea Benesch

Taschenbuch: 9783903248649, 360 Seiten, € 16,90
E-Book: 9783903248489, € 6,99
Verlag SchriftStella
Erschienen im Juni 2020

Was machst du, wenn sich die Gedanken in deinem
Kopf überschlagen? Wenn sich die Gefühle zu einer
gigantischen Welle auftürmen und alle Dämme zu
brechen drohen?

Ich schreibe. Zeile um Zeile, Strophe um Strophe,
Gedicht um Gedicht banne ich meine Gedanken, meine
Gefühle, meine Seele auf Papier. Ich schließe sie ein und
verarbeite, was mich sonst zu übermannen versucht.

Ich hoffe, meine Worte berühren dich, begleiten dich
und bedeuten dir so viel wie mir.

Dark Rose bin ich und vielleicht auch
ein kleines bisschen du?

ANDREA
BENESCH

TINTEN
TRÄNEN

Gefühle auf Papier

TINTENTRÄNEN – Gefühle auf Papier
Andrea Benesch

Taschenbuch: 9783903248496, 200 Seiten, € 9,90
E-Book: 9783903248564, € 2,99
Verlag SchriftStella
Erschienen im Juni 2020

Wie gehst du mit Gefühlen um? Wenn die Emotionen hohe Wellen schlagen und der Schmerz einfach zu groß wird? Ich schreibe. Ich verwandle meine Gefühle in Tintentränen und lasse sie aus mir fließen, bis der Druck nachlässt. Ich schließe meinen Schmerz, meine Trauer, all meine Gefühle in meinen Worten ein und banne sie auf Papier.

Das ist meine Art, mit dem Schmerz umzugehen. Die Worte kommen zu mir, wann immer mir alles zu viel wird. Sie tauchen in meinem Kopf auf und sorgen dafür, dass ich mir alles von der Seele schreiben kann. Sie sind meine Rettungsleine, mein Fels in der Brandung, mein sicherer Hafen.

Vielleicht können sie das auch für dich sein. Fang meine Tintentränen auf, lass sie in dein Herz und ich hoffe, sie können auch dir dabei helfen, so manches zu verstehen und zu verarbeiten. Das wäre mein größter Wunsch.

DANK*sagung*

Das Jahr 2020 war für uns alle hart. So viel ist geschehen und plötzlich war unser Leben nicht mehr so wie früher.

Für mich persönlich war 2020 aber ein Glücksjahr. Ich durfte zwei Gedichtbände veröffentlichen, habe mich selbstständig gemacht und habe so viel positives Feedback von meinen Leserinnen erhalten.

Euch gilt mein Dank. Danke, dass ihr meine Worte in eure Leben und eure Herzen lasst. Danke!

Ein großes Danke geht auch an Emilia von Coverstube für das wundervolle Cover, das sie für „Papercuts" gezaubert hat. Ich liebe es und es könnte einfach nicht besser passen.

Danke auch an meine Lektorin Katharina Pusch für dein Feedback und deine Ideen. Dank dir konnte ich wirklich das Beste aus „Papercuts" herausholen.

Mein Dank gilt auch Dr. Karin Gilmore vom SchriftStella Verlag. Eigentlich hatte „Papercuts" in diesem Verlag erscheinen sollen, was aus gesundheitlichen Gründen, aber dieses Mal leider nicht geklappt hat. Dennoch: dein Feedback bedeutet mir so unglaublich viel. Danke dafür!

ÜBER *die Autorin*

Ich habe Geschichte und Germanistik an der Heinrich-Heine-Universität in Düsseldorf studiert. Anschließend habe ich eine Promotion in Siegen begonnen, diese aber bis auf Weiteres zugunsten meiner Tätigkeit als freie Lektorin aufgegeben. Mehr dazu ist hier zu finden: www.lektorat-federundeselsohr.de

Neben dem Schreiben von Gedichtbänden und meiner Arbeit lese ich leidenschaftlich gerne und rezensiere Bücher auf meinem eigenen Blog *„Feder und Eselsohr"* (www.federundeselsohr.de). Ihr findet mich als *„Dark Rose"* in verschiedenen Schreibweisen in so ziemlich jeder Buchcommunity (mojoreads, Lesejury, Was liest Du?, LovelyBooks, Vorablesen) und in den sozialen Medien:

Facebook (Andrea Benesch/Feder und Eselsohr)
Twitter (FederEselsohr)
Instagram (Feder und Eselsohr)
YouTube (Feder und Eselsohr)